"十三五"工商管理类课程规划

U0681367

汽车销售实训教程

王海鉴　主编

Auto

Sale's

Training Guide

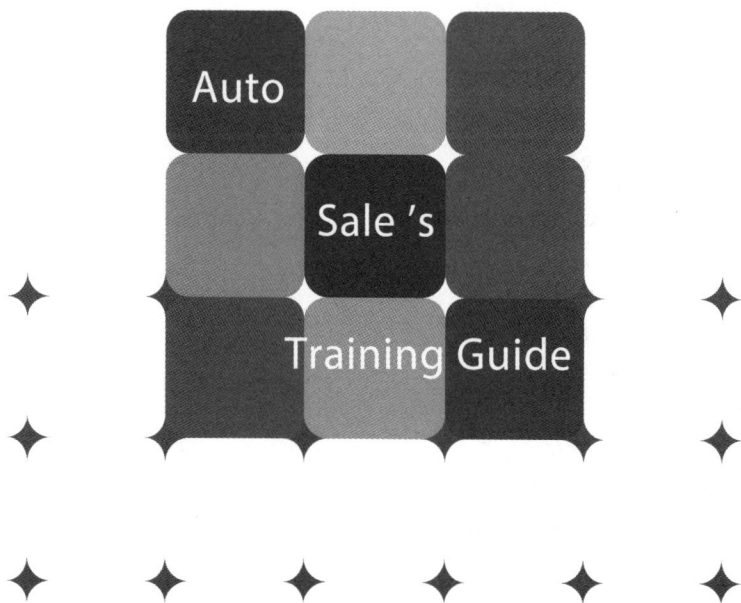

经济管理出版社
ECONOMY & MANAGEMENT PUBLISHING HOUSE

图书在版编目（CIP）数据

汽车销售实训教程/王海鉴主编. —北京：经济管理出版社，2015.8（2018.1重印）
ISBN 978-7-5096-3959-7

Ⅰ.①汽…　Ⅱ.①王…　Ⅲ.①汽车—销售—教材　Ⅳ.①F766

中国版本图书馆 CIP 数据核字（2015）第 209848 号

组稿编辑：王光艳
责任编辑：许　兵
责任印制：黄章平
责任校对：张　青

出版发行：经济管理出版社
　　　　　（北京市海淀区北蜂窝 8 号中雅大厦 A 座 11 层　　100038）
网　　　址：www. E-mp. com. cn
电　　　话：（010）51915602
印　　　刷：玉田县昊达印刷有限公司
经　　　销：新华书店
开　　　本：710mm×1000mm/16
印　　　张：14
字　　　数：214 千字
版　　　次：2016 年 1 月第 1 版　　2018 年 1 月第 2 次印刷
书　　　号：ISBN 978-7-5096-3959-7
定　　　价：48.00 元

前 言
Preface

目前市场上汽车销售类教材品种很多，但多数以销售理论为主，没有凸显"实操"的特点，导致学生学习完本门课程后不仅理论记不住，更没法进行应用。所以，培养学生应该以对汽车销售"实操"的应用能力为主线来提升高职高专学生专业素质。

本书编写的目的是因为高职高专汽车技术服务与营销专业的毕业生很多都在各品牌汽车4S店的销售岗位就业，所以，为提高毕业生的实际工作能力本书以汽车销售流程的"实操"为主线，增加了汽车技术服务的一些知识，如车险报价、精品推介、报税上牌等知识，使学生对将来销售岗位的工作内容有一个客观的认识。同时，详细介绍了汽车各功能按键的操作与使用方法，使学生在"实操"中能够更好地完成各项任务。

营销的核心是把产品销售出去，实战中，标准销售流程的实施和专业销售人员的素质则是影响客户购买的主要因素。本书从客户接待、需求分析、车辆展示与介绍、试乘试驾和缔约成交五个任务出发，介绍了每个流程的工作任务和具体话术范例，并且每个任务都有相应的考核内容和评分标准，使学生在"实操"过程中，有章可循，有的放矢。

本书由大连职业技术学院王海鉴主编。汽车工程学院汽车技术服务与营销专业优秀毕业生吴黄天、王任、张楠、郝春宝、张鹏、邬骥伟、王鑫、吴佳、韩悦永、李英杰、何帅、吴耀博、郑雪晴、唐英楠、张恒、张宁宁、王媛、胡珊珊等为本书提供了相关编写案例及话术模板。

在编写本书过程中，参阅了一些图书资料、报刊以及汽车专业网站，对案例和资料的原作者深表感谢。本书在成书过程中，也得到经济管理出版社的大力支持，亦致以深深的谢意。

由于时间、条件、水平等的限制，书中错漏之处，恳请读者批评指正。

作　者

2015 年 7 月

目　录
Contents

任务❶ 客户接待

【学习目标】

● 了解销售顾问岗位职责

● 了解客户的基本概念

● 模拟中能提供"客户"关心的品牌、产品、服务及其他信息；提供迅速、专业、有价值的服务促使"客户"光临本店；热情、真诚的接待来消除顾客的疑虑和戒备，让"客户"感到舒适、受欢迎和被重视，营造轻松、舒适的购车氛围

【学习重点】

● 客户接待话术

【学习难点】

● 模拟演练客户接待情景

【任务导入】

销售过程中"销"的是什么——自己

世界汽车销售第一人乔·吉拉德说："我卖的不是汽车，我卖的是我自己。"产品与顾客之间有一个重要的桥梁就是销售人员。在面对面销售过程中，假如客户不接受你这个人，他还会给你介绍产品的机会吗？不管你如何跟顾客介绍你所

在的公司是一流的，产品是一流的，服务是一流的，可是，如果顾客一看你的人像三流的，一听你讲的话更像是外行，那么，一般来说，客户根本就不会愿意跟你谈下去。你的业绩会好吗？所以，让自己看起来像一个好的"产品"。

销售过程中"售"的是什么——观念

观——价值观，就是对顾客来说，重要还是不重要的需求。

念——信念，客户认为的事实。

试想是卖自己想卖的比较容易，还是卖顾客想买的比较容易呢？是改变顾客的观念容易，还是去配合顾客的观念容易呢？所以，在向客户推销你的产品之前，先想办法弄清楚他们的观念，再去配合它。如果顾客的购买观念跟我们销售的产品或服务的观念有冲突，那就先改变顾客的观念，然后再销售。

要永远清晰地记住：是客户掏钱买他想买的东西，而不是你掏钱；我们的工作是协助客户买到他认为最适合的；"车"才是顾客最关心的焦点！"车"才是我们和顾客感情交流的媒介！

销售顾问是汽车各品牌4S店面对终端销售的窗口，所以销售顾问应该通过为客户提供专业的服务树立各汽车品牌及企业的形象。从穿上正装的那一刻起，请记住，你的言谈和行为将代表企业。销售顾问不是游离于组织之外的单独个体，品牌形象和企业形象是销售顾问成功促成交易的保障，同时销售顾问也有义务积极地在顾客面前维护品牌及企业形象。

销售顾问应该成为企业销售部门和顾客之间的纽带。营销观念的核心思想是以客户为导向。市场已经由卖方市场向买方市场转变，对销售顾问的称呼也已不再是以前的"销售员"那么简单了。作为公司同顾客间的纽带，销售顾问就应该同时站在企业及客户的立场上去考虑问题，以标准化的销售流程完整地将产品信息传递给客户，只有让我们的客户满意了，我们才能获得利润。

请看下列对话：

S：销售顾问　C：客户

对话1

S：您好，×先生，我是××经销店销售顾问××，请问现在您方便说话吗？

C：你好！请问有什么事情吗？

S：×先生，您此前参加过我们的外展活动，留档资料显示您近期有购车计划，同时也比较信任我们的产品，我想了解一下您是否已经有了明确的意向车型呢？

C：哦，我前段时间确实去你们那儿参加了你们的外展活动，对CC和MT比较感兴趣。

S：×先生，我们想邀请您来店亲自了解并体验一下产品。可以为您近期选车做参考，不知道您是否有兴趣？

C：可以啊，不过小×，我一会儿还要有一个重要会议要参加，我们可否明天再联系？

S：好的，×先生，您看这样好吧，那我明天上午9点再打这个电话跟您联系可以吗？

C：好的。

S：那好，×先生，非常感谢您接听我们的电话，明天咱们再联系！

第二天

S：×先生，您好！我是××经销店的销售顾问××。我们昨天通过电话，我再跟您确认一下来店看车的时间。另外，我们近期对应邀到店的客户，会有礼品赠送。

C：这样吧，小×，我周日上午有时间。

S：好的，×先生，我们欢迎您带上家人或者朋友一同前来体验。另外，我们将为您和您的亲友安排试乘试驾，请带上驾照。5分钟内我会给您发条短信，告知我店的地址、电话。如果您的计划有变，您可以打电话给我，我们将重新为您安排。×先生，非常感谢您接听我的电话，期待您的光临，我们星期天上午见！

对话 2

铃声响后

S：早上好，感谢您致电××经销店，我是销售顾问××。请问有什么可以帮助您？

C：是这样，我最近有购车的计划，有几个问题想要咨询一下。

S：请问我怎么称呼您？哦，×先生，这是您的手机号吗？

C：我想了解一下 XX 和 YY 的差别。

S：XX 和 YY 是……（简要介绍两款车异同），×先生，您本次购车是家用还是商用呢？

C：商用和家用都要兼顾吧。

S：您方便说一下您购车的预算吗？

C：预算吗？25 万~30 万元。

S：×先生，初步看来，您所提到的这两款车基本符合您的需要……不过 XX 和 YY 无论从产品定位还是功能、外观都存在一定差别。×先生，您什么时候有时间，我们邀请您来店体验。我们也可以帮您参谋一下，看看哪款车更适合您。

C：这样吧！我周日有空，就周日上午去看看吧！

S：好的，我们也欢迎您带上家人或者朋友一同前来体验。×先生，我们也将为您和您的亲友安排试乘试驾，请您记得带上驾照。×先生，如果您的计划有变，您可以打电话给我，我们重新为您安排。5 分钟内我会给您发一条短信，告知我店的地址、网址和电话。您也可以登录我们公司的网站，那里有我们详细的车型介绍。非常感谢您的来电，×先生，我们星期天上午见！

C：好，再见。

对话 3

无论是自驾车、坐出租车或步行来店的客户，门卫都应热情接待。在客户确定来电目的后，为客户礼貌地指明方向，无线通知销售或服务部门有客户到来。如遇高温天气，询问客户是否需要遮阳板，在客户离店时协助客户去掉遮阳板。

客户进店后，相关人员应起立行礼问候客户："欢迎光临。"如果是预约销售顾问无法马上接待客户，其他销售顾问应第一时间进行接待，并带领客户到休息区，提供饮品，同时及时通知预约的销售顾问，以免出现客户无人问津的情况。

S：二位好！欢迎光临××经销店。我是这里的销售顾问，我是××，这是我的名片。请问二位是第一次到我们这里吗？

C：嗯。

S：请问二位是否预约了销售顾问呢？

C：我预约了××。

S：请问先生您贵姓？

C：免贵姓C。

S：这位女士如何称呼呢？

C：哦，这是我太太。

S：非常抱歉，由于××正在接待其他客户，请二位到休息区休息片刻（同时引领客户到休息区）。二位请坐，二位要喝点什么吗？我们这里有茶、咖啡和果汁。

C：给我们来两杯果汁吧。

S：嗯，好，请稍等。二位请慢用。××马上就到，请二位稍等一下。

S：×先生，×太太，你们好，欢迎光临！我是××经销店的销售顾问××。这是我的名片。×先生，×太太，刚才临时接待一位老客户，很抱歉让您二位久等了。需要我给二位加点饮料吗？

C：不用了，我们想先看看车。你说的那几款车在什么地方。

S：这边是XX展区，YY在那边。需要我为二位讲解一下吗？

C：谢谢，我们先随便看看，然后有需要的话我再叫你。

S：行！您二位请随便，如果有需要的话，我愿意随时为二位服务。那这边请。（销售顾问站在客户可以看见的地方，不要跟随客户或在客户不想交谈时一再试图与客户谈话。在客户示意或者没有示意的情况下3分钟后，再次走向客户，从客户的关注点开始，将话题引入需求分析）×先生，这款YY，动感的外形是它的一大亮点。

1.1 客户接待流程及话术举例

1.1.1 客户接待概述

销售顾问的工作就是从客户接待开始的。

客户是通过购买你的产品或服务满足其某种需求的群体，也是指跟个人或企业有直接经济关系的个人或企业。主动去获取客户是销售顾问增加销售机会的重要手段，邀约和最初接触是树立品牌和经销商形象的关键时期。我们销售顾问需要具备更深厚的产品知识和高超的沟通技巧，与客户分享品牌及产品资讯，并帮助客户选择并购买一款适合的车型。

汽车销售的第一步就是接待进入汽车展厅或是接听打来电话的意向客户，接待寒暄和规范的接打电话就如同一颗润喉糖，瞬间会给客户带来清凉和舒适的感觉，让双方关系立即变得友好、融洽。

1.1.2 客户接待流程及话术举例

客户接待流程如图 1-1 所示。

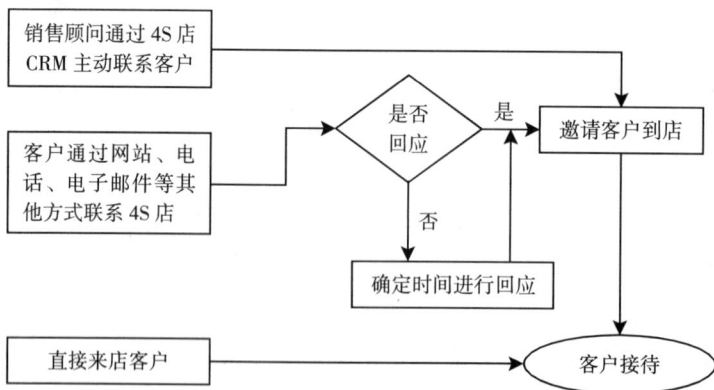

图 1-1 客户接待流程

从流程图 1-1 中不难看出，该流程主要包含四个环节，即接打电话、主动邀约、被动邀约和直接来店。

1.1.2.1 接打电话

接打电话过程如表 1-1 所示。

表 1-1 接打电话过程

过 程	要 求	工作任务	
通话初始	打电话开始时的要求：问好，自报家门，进行确认	（1）问好。问候对方的用语通常是"您好"或是"喂，您好"如果通话对方已率先向自己问好，应立即以相同的问候语回上对方一句 （2）自报家门：①只报出本单位的全称；②自报本单位的全称与所在具体部门的全称；③报出通话人的全名；④报出通话人的全名与所在具体部门的名称；⑤报出通话人的全名与所在单位的全称以及所在具体部门的名称 （3）进行确认	
	接听电话的要求：解答客户疑问、邀约到展厅和留下联系方式	欢迎来电	当你拿起电话后，首先问候对方，然后自报家门或是选自报家门再问候对方。如"您好，欢迎致电××展厅"
		自我介绍	"我是销售顾问某某，您可以叫我某某。"
		询问对方的问题	"请问有什么可以帮您或者请问有什么可以为您服务的?"
		倾听并询问姓名	"先生您贵姓?"或者"怎么称呼您?"
		重复并确认对方的问题	"某先生，您问的是有关……吗?"
		解答并约至展厅	"看得出您对这车很感兴趣，我的解释并不完备，欢迎您到我们展厅，除了看车还可以当面给您细致的解释。" （尽量不要在电话中介绍车型、比较竞品、报价成交、推荐配置等）
		无法解答时	"您的问题非常专业，我问一下专家，在××时电话给您。"
		留下对方联系方式	"这个电话是您的固话（手机）吗? 有最新的消息我会通知您，同时，我们承诺您的号码绝不外泄。"
		感谢来店并祝福	"再次感谢您的来电，您到展厅可直接找我，也祝您工作顺利! 再见!"
通话中	声音清晰	（1）咬字准确 （2）音量适中 （3）速度适中 （4）语句简短 （5）姿势正确	
	态度平和	（1）不卑不亢 （2）不骄不躁	
	不忘职责	（1）接听及时。电话铃响三次左右及时予以接听 （2）如因特殊原因不能及时接听电话，就应在拿起听筒后首先向对方表示歉意："对不起，让您久等。"	
	内容紧凑	每次通话的具体时间，以 3~5 分钟为宜	
	主次分明	在相互问候之后，通话双方即转入主题	

续表

过 程	要 求	工 作 任 务
通话结束	再次重复重点	(1)通话即将结束时，拨打电话的一方应将重点的内容简单复述一下，以便确认双方沟通无误 (2)为避免给对方以烦闷之感，在重复时应多多采用礼貌用语
	暗示通话结束	在挂断电话前，应先向通话对象暗示此意
	感谢对方帮助	在通话之中，如果对方给予了自己一定程度的帮助，则在即将结束通话时，勿忘向对方正式地进行一次道谢
	代向他人问候	如果通话双方是旧交，那么双方在通话结束之前，不妨相互问候一下对方的同事或家人
	互相进行道别	结束通话的最后一句话，应当是通话双方互道"再见"
	话筒要轻轻挂上	挂机时还应小心轻放，别让对方听到很响的搁机声
代接电话	代接电话时，服务人员应一如既往地保持友好的态度去帮助对方。不要语气大变，立即挂断电话，更不要对对方的其他请求一概拒绝	(1)如果对方要找的人就在附近，应告知对方稍候片刻，然后立即去找，需要注意的是，不要立即大声喊叫，不要让对方等候过久，也不要直接询问对方与所找之人是何关系，找他到底有何事情 (2)如果对方要找的人已经外出，应首先告知对方他要找的人已经外出，然后再去询问对方：来电何人，是否有事需要转达，如有事需要转达，应认真记录下来，并尽快予以转交。如果事关重大，则最好不要再委托他人代劳，以防泄密 (3)如果对方要找的人正在忙于他事，不便立即接听，此刻代接电话的人可如实相告于对方，或者告之他要找的人已暂时外出。随后可咨询一下对方要不要自己代劳，或者要不要代替双方预约方便的通话时间
做好电话记录	在进行电话记录时，除了要选择适当的记录工具之外，最重要的是要力求记好要点内容，并在记完要点之后进行核实	(1)电话记录的内容大致应当包括来电时间、通话地点、来电人的情况、来电的主要内容及处理方式等 (2)做好电话记录之后，一定要将其精心加以保管 (3)对于重要的电话记录，尤其是当其涉及行业秘密时，务必要严格地进行保密 (4)进行电话记录后，相关人员应及时对其进行必要的处理

1.1.2.2 主动邀约

主动邀约接待流程如图 1-2 所示。

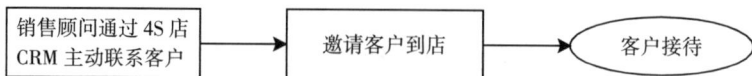

图 1-2 主动邀约接待流程

[工作任务]

（1）充分利用企业 CRM 数据库、公司热线、营销活动等途径获取的客户资源，并进行整合，按照 CRM 中跟进计划（首次联系后 3 天内或双方约定时间），通过客户偏好的联系方式与时间跟进客户。

（2）主动提供试乘试驾服务，邀请客户及其家人和朋友前来体验试乘试驾，并主动提醒客户带上驾照。

（3）无论客户是否答应来店，尽可能预约好下次联系的方式与时间，以便向客户确认相关信息或发送活动邀请。

[话术举例]

（1）"×××（先生/女士），您好！我是××4S店的销售顾问××，请问现在您方便讲话吗……上次您和朋友一起来我店看车，您对我们的XX车很有兴趣，我们店本周末举办试驾活动，想邀请您去体验，不知道您是否有兴趣？"

（2）"×××（先生/女士），您好！我是××4S店的销售顾问××，请问现在您方便讲话吗……周三下午我们通过电话，对于本周末的试驾活动，我们已经准备好您的光临，不知您大约何时到店……我们店的位置是……我们试驾车与试驾专员都已经安排好，期待您的大驾光临，深度感受XX的非凡体验！"

（3）"×××（先生/女士），您好！我是××4S店的销售顾问××，请问现在您方便讲话吗……周三下午我们通过电话，对于本周末的试驾活动，不知您的时间是否确定下来？这次深度的试驾体验，可以为您近期选车做参考，从而确保您选择一款真正适合您的车……不知您大约何时方便……"

1.1.2.3 被动邀约

被动邀约接待流程如图1-3所示。

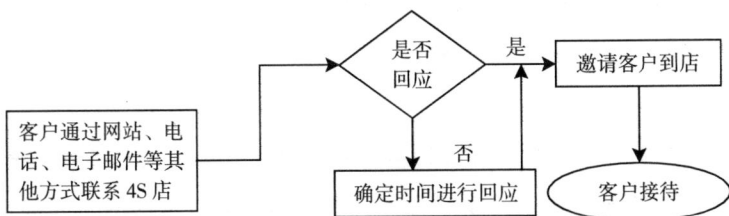

图1-3 被动邀约接待流程

[工作任务]

（1）感谢客户联络，回答应迅速、准确并有针对性，如果无法提供答案，可约定好其他时间进行答复，包括提供为客户增值的相关信息。

（2）随时准备接受客户使用各种联系方式与经销店联系，尽可能迅速准确地回答客户问题，并且保证所传递信息准确无误。

[话术举例]

（1）"您好！感谢致电××经销店。我是销售顾问××，请问有什么我可以帮助您的？"

（2）"×××（先生/女士），明天我可以为您安排试乘试驾，也欢迎您和家人、朋友一起来体验，您只要带上驾照就可以。×××（先生/女士），您的电话[来电显示]就是这个号码吗？[确认电话号码]如果您的计划有变，您可以打电话给我，我们也会重新为您安排。另外，5分钟内我会给您发条短信，告知我店信息及联系方式。非常感谢您的来电，那我们明天上午×点见。"

1.1.2.4 直接来店

直接来店接待流程如图1-4所示。

图1-4　直接来店接待流程

在实际工作中，主动邀约和被动邀约一般属于幕后工作，而多数客户则是通过直接来店这种方式。这也是我们去4S店经常看到的场景，那就是销售顾问对客户的接待。如果是邀约客户来店，通常是通过前台接待询问转给相应销售顾问。

[工作任务]

（1）面带微笑欢迎客户光临经销店，主动自我介绍，递上名片，并请教客户姓氏，交谈时称呼对方。如果是老客户，同样微笑欢迎老客户再次光临经销店，再次自我介绍。如果多名客户进店，确保一一问候。雨天，准备带有企业Logo的雨伞，撑伞迎接顾客。

（2）以姓氏尊称客户并根据客户的意愿，或引领至展车前，或邀请到销售洽谈区坐下，并询问客户的偏好，主动提供饮品选择。

（3）如果客户表示想要自己先看车，请客户自行看车，并告知客户产品信息资料摆放的位置；站在客户能够看到的地方，确保随时可以为客户提供服务，目光示意对客户的关注，但勿跟随，以免给客户太大压力；如果没有得到客户示意，最多3分钟后，主动接触客户，如可行，按照客户的具体要求，将话题引入需求分析流程。

[话术举例]

（1）"先生，您说的这个车型有3款不同配置，分别是时尚型、舒适型和豪华型，具体价格要看它的配置，我先帮您介绍一下每款车配置的具体情况吧？"

（2）销售顾问：欢迎光临××4S店，我是这里的销售顾问××，这是我的名片，很高兴认识您！请问您预约了哪位销售顾问？

顾客：没有。

销售顾问：那好，今天由我来接待您，请问您贵姓？今天天气挺热的，您需要先来点什么饮料？我们这里有咖啡、绿茶和冰水3种饮料。

顾客：咖啡。

销售顾问：好的，不知道您对哪款车有兴趣？

顾客：……

销售顾问：您真有眼光，这款XX轿车是我们××店最新推出的明星车型，这边是展车［为顾客指明方向］，需要我为您讲解一下吗？

（3）"先生/女士，您好，欢迎光临！这是我的名片，我叫××，很乐意为您服务。您是先看看熟悉一下，还是让我有重点地为您介绍？或者您也可以先到休息区坐下来喝杯茶，我给您拿些资料看看？"

（4）"先生/女士，您真是非常有眼光，您一进来就看这辆车，这款轿车是我们品牌中最受顾客欢迎的一款，自推出以来大家都喜爱它，它的车厢内饰做工达到前所未有的高水平，您可以坐进去感受一下！"

（5）"先生/女士，那您看是由我帮您介绍一下店里的主要车型，还是您先自己看看？"

（6）"×先生来了！欢迎欢迎！这次您没和太太一起来？今天还是看上次那款车吗？"

（7）"原来您是王大哥介绍来的！王哥可真不简单，我做销售这些年，从没遇见像他这么懂行的人，真是佩服！"

（8）"先生，看您在这边看了有一阵了，感觉怎么样？有喜欢的车型吗？"

（9）"这位女士，有什么需要我帮助的吗？"

（10）"抱歉，先生，打扰您看车了。我叫××，这是我的名片，您要是有什么问题或需要帮助就招呼我。"

（11）"欢迎光临××4S店。您是看车还是维修保养［等候回答并仔细倾听］？好的。请您从这儿右转，把车开到展厅门口［为顾客指出方向］。谢谢！祝您看车愉快！"

（12）"非常感谢各位能光临我们店，我们会为您提供最专业、最全面、最细致、最体贴的服务。"

1.2　客户接待实操

1.2.1　实操内容

实操具体内容见表1-2。

表1-2　实操具体内容

考核项目	考核点
仪容仪表	男生面部清洁、不蓄胡须鬓角
	女生面部化淡妆
	口腔无异味
	男生头发不宜过长或过短
	女生头发不过肩，过长须扎辫，做到前不覆额、侧不掩耳、后不及领
	保持手和指甲清洁，指甲修剪整齐，不染色
	统一着装，佩戴4S铭牌（左上方口袋正上方2厘米处）
	套装上衣长度：手臂自然垂直，双手自然弯曲时手指第三节正好接触到西装上衣末端

续表

考核项目	考核点
仪容仪表	服装表面没有脱线、衣领褶皱、纽扣松脱等现象
	男生西服上扣保持扣住，最下方的扣子始终不扣
	女生着套裙，裙长至膝盖上方 1 厘米
	外套熨烫平整，着统一浅色衬衫，每日更换且熨烫平整
	衬衫领口可以正好容纳 2 指伸入，不松不紧
	领带宽度与西装上衣翻领相协调
	男生领带、女生丝巾选择 100%丝绸面料
	男生黑色棉袜/女生肤色丝袜
	男生黑色系带皮鞋，女生黑色船形皮鞋，皮鞋要擦拭干净，鞋跟磨损不严重
	男生腰间不佩戴手机或其他饰物，女生佩戴的饰物应小巧精致
商务区车辆	展车清洁，车身无保护膜、无划痕、光滑光亮
	展车玻璃内外擦拭干净，无手纹或水痕
	展车前风挡玻璃贴有汽车燃料消耗标识
	展车前后均有车牌，前中文名称，后英文名称
	营业时间车门不上锁，前车窗应保持开启状
	天窗保持最大开启状态
	车身漆面、玻璃表面无指印、无水痕
	展车内和行李箱干净、整洁、无杂物，发动机室干净无灰尘
	方向盘上 Logo 保持向上，安全带缩进到位
	前排座椅位置、靠背、头枕调整至常规位置（顾客使用后 10 分钟内回位）
	车轮干净整洁，及时上蜡，轮毂的汽车品牌标识始终保持水平
	电瓶电力充足
	展车内备有古典、流行、通俗等风格的 CD
销售工具	计算器、笔、记录本、名片（夹）、面巾纸、产品型录、顾客洽谈卡、需求评估表、试乘试驾协议单、试乘试驾反馈表、文件、车贷文件、平板电脑等销售工具的准备
电话接待	按标准话术及时接听电话
	电话转接应对与恰当获取客户信息资料
	答复客户有关企业、品牌与产品等相关问题
	运用标准的电话结束语
来店接待	主动迎接并完成展厅接待
	礼貌、热情接待客户，让客户记住自己
	主动询问客户，根据客户需求进行介绍
	恭送客户直至客户远离视线

【要 求】

（1）精神面貌要求礼仪规范、亲和力强、充满自信。

（2）肢体语言要求姿态良好、眼神专注、手势运用恰当。

（3）实操结束后，注意用具摆放整齐，保持桌面及周围环境的整洁。

（4）每组派两位学员，扮演客户与销售顾问并模拟接打电话、展厅接待的情景。

（5）销售顾问要在尽量短的时间内找到和客户寒暄的话题并演练。

【训练】

题目 1

王先生想购一台轿车，用于接待客户，在报纸上看到某汽车 4S 店近期正在做新车优惠活动，通过报纸他看到了联系电话，想了解一下车辆情况。

客户资料：王先生，39 岁，个体老板，刚考完驾照，初中文化程度。

题目 2

宋女士来自一线城市，追求时尚潮流，面对现代都市生活，想为自己选择一款高雅精致的车型。朋友推介了一款车给她，并告诉她店里的前台电话。于是宋女士想到 4S 店里看一下。

客户资料：宋女士，29 岁，工薪族，2 年驾龄，大专文化程度。

题目 3

杨总对生活质量和品位要求较高，尤其喜欢追求高端奢侈品。近期杨总想给自己换购一台车，旅游时用。于是让秘书在网上查到 4S 店电话号码。杨总在电话中简单了解了一下车的情况，决定抽时间去店里看看。

客户资料：杨总，男，50 岁，公司总经理，20 年驾龄，大学本科文化程度。

题目 4

郑先生，想给自己选购一台功能性比较强的车。周五下午，在电台中听到某4S 店劳动节搞活动的消息。于是郑先生拨通了电话，电话中简单了解了下活动情况，五一决定抽空去店里看看。

客户资料：刘先生，30 岁，公司主管，3 年驾龄，大学本科文化程度。

题目 5

张先生，某企业工程师，家里有一辆车。想方便妻子上下班接送孩子，家里需再添一辆车，听广播得知4S店近期正在做团购活动，于是打电话咨询该车型活动内容。张先生对活动很感兴趣，当天下午带妻子一同来到4S店。

客户资料：张先生，40岁，工程师，5年驾龄，硕士研究生文化程度。

题目6

侯先生，国企中层干部，企业车改，打算给自己买一辆车。在朋友的建议下，打电话到店里咨询某品牌的车辆配置及价格等。在朋友的带领下，进店了解相关情况。

客户资料：侯先生，38岁，国企中层，6年驾龄，大学本科文化程度。

题目7

刘女士，私营业主。多年服装批发生意赚了不少钱。最近发现身边的很多朋友都开始买车，于是刘女士和先生商量打算买一辆车，不仅方便上下班，还能拉点货。某周末上午，夫妻俩准备到某4S店前拨打了电话进行咨询，一同打车来到店里。

客户资料：刘女士，33岁，私营业主，1年驾龄，高中文化程度。

题目8

徐先生，国家公务员，年前准备结婚。打算购买一辆轿车，婚后使用。在同事的影响下，准备去4S店内逛逛。去前拨打了咨询电话，询问了路线，20分钟后来到了店里。

客户资料：徐先生，29岁，公务员，1年驾龄，硕士研究生文化程度。

题目9

李先生，职业经理人，客户推荐他选购一台气派的轿车，准备过年开回老家。听说家门口开了一家汽车4S店，于是拨打电话咨询。李先生对销售顾问说的内容很感兴趣，准备当天到店详谈。

客户资料：李先生，职业经理人，42岁，3年驾龄，中专文化程度。

题目10

陈先生经营一家饭店，儿子下个月就要结婚。为了送给儿子一份特别的礼物，陈先生征求了很多人的意见，决定买台车送给儿子婚后用，方便上下班。陈先生在报纸上看到某4S店的广告，于是拨打了电话咨询，决定近期进店详谈。

客户资料：陈先生，饭店老板，50 岁，不会开车，大专文化程度。

题目 11

客户进入展厅后四处张望。

题目 12

客户进入展厅后直接看车。

题目 13

客户提出："你别跟着我，我自己随便看看。"

题目 14

客户进入展厅，看见一辆车就询问价格。

题目 15

客户进入展厅看了一会儿，什么都不说就要离开。

题目 16

客户爱理不理，提不起谈话的兴趣。

题目 17

客户离开前不愿意留下详细的资料。

1.2.2 实操考核

（1）接打电话考核内容（见表 1-3）。

表 1-3　接打电话考核内容

考核内容	配分	考核点	扣分	得分
礼仪	10	着装规范、手势合理、表情自然、语言流畅、姿势到位，符合接待规范（每项 2 分）		
电话接听与应对	10	未在电话铃响 3 声内（彩铃 10 秒内）接听电话扣 3 分；未在接听时报店名、未问候扣 2 分，未在接听电话期间选择恰当时机询问顾客称呼扣 2 分，未恰当地进行电话转接应对扣 1 分		
基本信息	10	未能清楚、完整地介绍关于销售店信息及销售活动、促销的信息（每项扣 1.5 分）；未能够清楚、完整地记录基本情况（每项扣 2 分）		
礼貌结束	10	电话结束前未确定服务扣 2 分；未表示感谢扣 1 分；未等顾客挂上电话后再挂电话扣 2 分		
总分	40	得分		

（2）展厅接待考核内容（见表1-4）。

表1-4　展厅接待考核内容

考核内容	配分	考核点	扣分	得分
接待礼仪	10	未能恰当接待客户向客户问候扣2分；未能够直接称呼出客户的姓氏尊称扣2分，未询问同行人员的称呼扣2分，未在交谈过程中使用客户尊称扣2分；未在开始接待时主动向客户及同行人员递交名片扣1分，未介绍自己扣1分		
客户关注	10	未向客户询问是否需要讲解、介绍扣2分；未根据客户的需要进行对应讲解扣2分；未对客户保持关注扣2分，当客户有需要时未能上前询问是否需要帮助扣2分；未及时予以答复扣2分		
恭送客户	5	未能恭送客户扣2分，未能送出门扣1分，未挥手再见扣1分，未送别客户至远离视线扣1分		
服务技巧	5	服务过程中未先和客户打招呼中途离开扣2分；回来时未说明原因扣3分		
语言表达	10	口齿不清晰、不流畅扣4分；内容无条理、不符合逻辑性扣2分；用词不准确、不恰当、没有分寸扣2分；语音、语调、语气不得当扣2分		
应变能力	10	思维反应敏捷，情绪稳定，考虑问题周到		
创新意识	10	创新的思维方式，处理问题的创造性方法		
总分	60	得分		

任务② 需求分析

【学习目标】

- 掌握需求分析的内容
- 通过良好的沟通，让顾客有满意的消费体验
- 给"客户"留下专业、热情的专业印象，发展有希望的客户
- 把握"客户"提出的需求，并深入挖掘其隐性和深层需求，从而提供最能满足或接近"客户"需求的解决方案
- 以需求分析为依据，更有利于引导或说服"客户"尽快做出购买决策
- 通过热情、细心、周到的服务，与"客户"建立良好的关系

【学习重点】

- 需求分析话术

【学习难点】

- 模拟演练需求分析情景

【任务导入】

S：销售顾问　　C：客户

对话1

S：×先生，×太太，咱们要不要去休息区休息一下？

C：好。

S：这边请（需求分析是销售顾问建立私人关系的重要环节，销售顾问应与客户充分沟通。例如可以以天气、交通状况、国际形势等热点话题作为切入点，通过设定共同话题，寻求认同，并逐步过渡到主题。通过更多开放式的问题了解客户的购车需求，一定要从客户的角度给予他们真诚、客观的建议）。两位请，两位需不需要再续点饮品？

C：帮我太太再倒点果汁吧。

S：好的，两位请稍等一下。

C：好的，谢谢！怎么样啊，你看着，怎么样？YY更好看吧。好看一点，他好像比XX贵一点。它的流线……更适合我开。（是夫妻对话）

S：您的果汁。

C：谢谢！

S：×先生，您来的时候我看您开了一辆ZZ，是吧？

C：哦，那是好几年前买的。

S：您觉得这个车的状况怎么样呢？

C：还好吧，开了5年多，好像咱们这个车还可以，是吧？开着还不错（按照"过去—现在—将来"的顺序，向客户提出问题，了解客户当天的交通工具状况。以开车者的身份，通过用车感受、车辆保养状况等内容切入话题，让客户充分感受到关怀）。

S：×先生，这次购车，主要是谁来使用呢？

C：主要还是我，我太太偶尔也会用一下。

S：那您对新车有什么样的要求呢？

C：其实原来的车基本上可以满足我平常生活和工作的要求，主要是想在 ZZ 的基础上升级一下。希望新车动力性、操控性要好一些，外观时尚一些。

S：那么两位是打算换购还是增购？

C：换购、增购？是什么意思呀？

S：哦，×太太，我给您解释一下，增购，就是在原有的基础上再添置一辆车。换购就是把您原来的二手车作价出售，然后把您购新车的差价补上就可以了。

C：这个我们还没想好，回头再说吧。

S：好的，我们这里有最专业的评估师。可以免费为两位的车进行评估，到时候两位可以根据估价再做决定。

C：好的，我们考虑一下再说。

S：×先生，×太太，你们之前还看过其他品牌的车吗？

C：嗯，我们之前也看过 MM 和 NN，还可以吧，正在考虑呢。

S：×先生，×太太，这两款车型我有所了解，都还不错。不过您应该知道，高科技、高品质、高性价比一直是我们的特点和优势，您开过 ZZ。对我们的产品，相信您感受得最直接、最真实。现在，我来简要概括一下两位对新车的要求。新车主要还是在城市路况下运行，以工作出行为主。希望新车应该具备良好的操控性和动力性能，能够确保最大程度的驾驶享受。同时外观时尚。我理解的是不是准确？您还有其他的要求吗？

C：再有就是安全性要有保证。

S：×太太说的对，安全至关重要。×先生，我记得上次您在电话里提到过，预算大概是 25 万~30 万元。并且您也问过 XX 和 YY。其实您的定位挺准的，根据您的期望，我觉得 XX 和 YY 都能满足二位的需求。

C：嗯，你给我们介绍一下吧。

对话 2

S：您好，王先生。

C：您好。

S：在电话里听过您，我的名片，叫我小×好了。

C：谢谢。

S：王先生，我的地方好找吗？

C：还行吧。

S：还行啊，昨天在电话中您说您今天想过展厅来看车，您真的特别守时，您说八点半来真的八点半来。

C：（笑笑）有效率嘛！

S：今天休息还是暂时没有公务安排？

C：休息。

S：休息啊，第一次来我们××展厅吗？

C：对。

S：第一次啊，王先生，这次来想买一款什么样的车，有没有大体感觉？

C：陪朋友买过车，我也是第一次来看，没有什么中意的车型。

S：那您陪朋友买车，朋友是不是觉得您特别懂车，所以买车的时候特意找您参谋吧！

C：不是，不是，只是说陪朋友去转一转。

S：转一转啊，您朋友开的是什么车？

C：××品牌。

S：××品牌是吗？那就是说您这次选车的时候是要把××品牌作为您选择的一种？

C：对、对、对，买东西不能总看一家，看过奔驰的C系，他们也提供一个试驾，我感觉奔驰那车坐着挺舒服的。

S：坐的感觉还挺舒服的，那觉得这车空间怎么样？

C：空间可能稍微小一点，不过我觉得够使了。

S：就是说不想要那种非常大的车，空间感觉足够用了就可以吧？！

C：也不能太小，我的体型在这，不能太小了是不是！

S：是、是，那平常用车是您一个人用还是和爱人、家里人一起用呢？

C：家里人也会用，主要是自己开。

S：一般是上下班用，还是……

C：就上下班用。

S：上下班用，就是作为一个代步的工具。

C：对、对、对。

S：王先生，在您选择的所有车型中，型号、颜色这些都会非常多，所以说我可能会问您一些问题，帮助您探寻我们车型中哪个型号是最适合您的。

C：可以。

S：王先生，那您现在用的是什么车啊。

C：索纳塔 2.0。

S：索纳塔啊，我个人感觉索纳塔那车属于流线型特别漂亮的车。

C：对，当时我选择的时候就是喜欢它的外观，所以才买了它。

S：韩系车做得非常有流线型，很优雅。

C：还可以。

S：现在是打算把这车置换了还是再添购一台？

C：因为现在这辆车开了三年了，我觉得小毛病挺多的，而且现在日系、韩系车品质不是特别好，所以准备不要了，彻底卖掉。

S：就是把那台车置换给我，是吗？

C：您这有置换是吗？

S：有啊，我们店正好提供二手车置换，而且这边评估师正好在店，一会儿我带您看完 XX 车后，我再给您介绍下评估师，正好今天您把车也开来了，我们再看一下。

C：行。

S：索纳塔原来是什么颜色的？王先生。

C：原来是黑色的。

S：那这次在选新车有喜欢的颜色吗？

C：当时我选的时候就挺喜欢黑色的，我希望这次新车外观是黑色的，内饰也是黑色的，我原来的内饰是浅色的。

S：黑色内饰，想换一种感觉是吗？

C：是、是。

S：黑色内饰的车在我们车型设计中是非常酷的，流线型的车设计成黑色可能更张显一些。一般上下班代步，一年得多少行驶里程，有没有大体算过？

C：一般情况下就是跑市内，两万公里左右吧。

S：两万公里左右啊，您平时休息时有没有习惯带着家里人出去溜达溜达啊、玩玩什么的？

C：毕竟现在的工作比较忙，平常在家喜欢听听音乐，小区附近健健身，陪家人出去逛逛街买点东西。

S：比较喜欢在家宅着是不是，宅男。

C：对、对，但是现在时间比较紧，陪家里人时间少，想多陪陪家里人。

S：那平常一周能休息几天。

C：这个不太好说。

S：不好说啊，就是有空的时候能闲一些？

C：对、对。

S：您是自己做生意吗？王先生。

C：对。

S：那是在哪方面的行业？

C：软件开发。

S：软件开发是一个非常高科技的行业。

C：还行吧，也挺枯燥的。

S：那您是不是愿意把您自己的座驾体现一些活力和张扬一些个性？

C：因为，咱们不是非技术人员嘛，外形需要好一点时尚一些的。

S：时尚的外形，那对于车上的装备方面有没有必须要有的东西。

C：现在在市区里跑吧，整天遇到修路，我希望有一个导航，比如这地方不认识啦，不用在路上耽误时间；还有我平时比较喜欢听音乐，而且市区堵车很严重，我希望音响好一点，可以听音乐放松一下。

S：有时候一堵半个小时，特别枯燥，需要好的音响听音乐；再就是喜欢外形时尚的，导航要配备喜欢音乐的效果，那对于动力和操控呢，因为男士对这方面都比较关注。

C：没有太多要求，对于我来说也刚开三年的车，对车的机械方面不太了解，坐着舒服一点就行了。

S：乘坐的感觉要更在乎一些是吧，那您爱人对买车这方面会有什么建议吗？

C：她不怎么开车。

S：看来在家里您做主啊。那这样啊，就是选车的时候颜色方面您喜欢黑色的，黑色内饰，那除了导航外，将来您希望给车增加一些选装设备，比方说像DVD啊，然后智能钥匙啊，觉得对这样的东西需不需要？

C：这些东西如果性价比合适可以加，这些选配件也是可有可无的事。

S：您刚才说到性价比啊，王先生，就是说这次来选择我们车型的情况下会选一个什么预算的车。

C：这不第一次来店吗，你们车型对于咱来说也是第一次接触，预算还没有定。

S：还没定？

C：当然了，车还没定，怎么能知道花多少钱呢?!

S：那就是不差钱！那我就把您作为不差钱这份来解决。

C：也差不多吧。

S：而且我特别希望您将来，比方说今天真的喜欢我们的车，那么您下次过来递支票，然后我就在您支票上多写两台（微笑）。

C：这就太多了，承受不了。

S：嗯，王先生给您说一下，咱之前也看过奔驰的C系，也试驾过，平常上下班用，平常您说喜欢在家里宅一些，所以说外出还不会太多，喜欢时尚一些的外形，对于导航音乐方面会比较在意，最主要是想让家人乘坐得舒服。

C：自己也舒服一点。

S：那王先生，问下咱家有小孩吗？

C：有。

S：几岁了？

C：三岁了。

S：真看不出来您小孩三岁了，男孩女孩啊？

C：男孩，特别闹。

S：男孩好啊，这样的话您就可以带他出去打球啊、踢球什么的。

C：大一点再说吧。

S：现在您有时间多带他溜达溜达还是比较好的。那这样，王先生，我现在大体知道了您的感觉，然后呢，我想现在先带您看一下我展厅的车，我目前跟您推荐的是XX（车型名称），这款车一个是有黑色外观黑色内饰，本身硬性指标到达您位置，预算我先从高配中给您累计。

C：可以。

S：它分成三十六万九千八的技术型以及三十九万九千九的一个豪华型，目前这两款在导航方面配备比较全。音响效果，我会向您推荐来自×××的×××音响，那我们的目标就是在三十九万九的XX车型，正好我展厅里的这款就是三十九万九的目标车型，现在咱们来看一下车好吧。

对话3

S：您好，请问您是李女士吧。

C：您好，是我。

S：您好，我是您的销售顾问，我姓×，×××，您叫我小×就可以了，昨天我们通过电话的。今天您来得很准时啊，第一时间到这儿了，您先休息一下，这边请。

C：好。

S：您请坐，今天天比较冷，给您倒点热水。

C：好，谢谢。

S：您稍等。李女士，您慢用。

C：谢谢。

S：今天路上过来还顺利吧？

C：还可以。

S：还可以，不太堵车是吧。您是自己开车过来的？

C：对，自己开车过来的。

S：李女士，您是第一次到我们展厅吗？

C：对，第一次过来。

S：怎么样，感觉我们这个展厅？

C：不错，我觉得挺大气的。

S：我们这个展厅是（××品牌）城市展厅，是在××4S店中最具现代化、最具时尚风格的一个综合展厅，我们很希望您能成为我们××车的车主，然后我们给您提供一流的服务，还有一流的软件设备，给您带来更好的服务。您今天开什么车过来的？

C：我自己这辆车是雅阁2.4的。

S：噢，您开的是雅阁2.4。

C：嗯。

S：看来您是位成功人士，这么年轻就能开雅阁，我稍微记一下。

C：好。

S：李女士，您的联系方式还是昨天您留给我的？

C：对。

S：雅阁2.4什么颜色的？

C：黑色的。

S：非常经典的一个车型，您是哪年买的这个车？

C：07年买的。

S：那应该是上一代的雅阁，您知道吗，当时我也在车行工作，所以说当时对雅阁也非常了解，雅阁是在二十多万级别中唯一一个创造加价十万都有客户情愿去买的车型，看来您是非常有眼光的，雅阁2.4黑色的？

C：嗯。

S：那咱的车跑了多少公里了？

C：跑了有六万多一点。

S：六万多一点，也就是说在这三年间每年的使用公里数在两万。

C：差不多。

S：主要是自己用吗？

C：对，主要是自己用。

S：冒昧问一下，您是从事什么工作的？

C：我在一家国企工作。

S：国企工作，因为雅阁能给大家带来非常稳重的感觉，而且雅阁的内饰和整车的流线设计非常漂亮，女士开是非常适合的。

C：对、对。

S：看您这么年轻有为，应该是高管吧。

C：是。

S：很高兴认识您。您当时去买车也是自己一个人吗？

C：对，是我一个人。

S：那您当时觉得雅阁哪方面比较吸引您？

C：就像您刚才说的，我感觉就是配置比较好，内饰我觉得做得也挺好。

S：是的，雅阁在日系车中内饰做的科技感和时尚感非常适合我们年轻人。那您最近是准备再换台车还是再添购一台？

C：我就想再换一台车。

S：换台车，那就想把这台车卖掉？

C：对。

S：刚才我也说到了，我们店是城市展厅，我们店也有二手车置换的业务。

C：噢。

S：我们本着促进新车销售的原则，会给您一个公平公正的价格，待会我们了解完××车，我可以让我们二手车评估师给您详细评估一下。

C：行，这可以考虑。

S：考虑考虑是吧？那您现在对我们××车有了解是吗？您具体选中哪款车型了吗？

C：我还没看好，昨天刚打电话，我就想过来看一下。

S：您知道现在是金九银十，我们店做了很多活动，您选择买车的季节是非常合适的，李女士，您还有了解过其他车吗。

C：也在看奔驰的E级、宝马的5系。

S：这次买车的目标就定在高端品牌了，对吧?

C：您要说这品牌，我觉得吧，虽然您介绍××，但我一直觉得和奔驰、宝马比还是差点。

S：我觉得您还挺委婉的和我说这话，其实我们能接到很多顾客有这个异议，说高端品牌，我感觉奔驰、宝马肯定更高级，我们必须得承认先入为主的确占优势，奔驰、宝马比××引进中国要更早一些，而引进的 S 级或 7 系上百万的车型，给中国老百姓初期的印象只要是奔驰、宝马，都是上百万的车，而我们引进到中国后，和××合作，像××啊，从四五十万的车开始，从价格方面就降了一个级别。像您经常上网，肯定也能了解到，在×国他们是同一级别的，叫并驾齐驱的三驾马车。

C：噢……

S：待会我给您介绍我们××车时，您可以体验下这车尊贵的性能。

C：嗯。

S：在平时休息的时候您有什么特殊的爱好?

C：我比较喜欢听听音乐，去健身房健身，然后就是逛街购物。

S：逛街购物，最时尚的女性活动咱全做到了。这车就像您说的主要是自己用是吧。

C：我平时就是上下班，有时也接接客户。

S：我们都知道，××被作为中国的官方品牌，这车在中国来用，无论是在公众场合还是商务场合都非常合适，您开这车有自驾游吗?

C：自驾游比较少。

S：比较少，基本车上就是自己或家里人?

C：家里人也不多。

S：您的驾驶习惯是怎么样的，是动力性的还是……

C：就是之前开车出过一次事故，修车的技师和我说侧面的架子都弯了，所以我比较在意安全。

S：所以说这次选车在安全方面会重点考虑。

C：是的。

S：那在新车购置方面您有什么要添加的？

C：之前朋友也说坐我这车档次不够，然后我觉得日系车品质也不太好。

S：其实这么说吧，车没有十全十美，咱说心里话。

C：是、是。

S：日系车比较注重它的内饰氛围，德国车可以无限跑高速，所以说我们以安全为主，但是作为高端品牌舒适性也很好。那您这次除了安全方面，对配置还有什么要求？

C：我要参加一些社交场合，合适就行。

S：那您的预算呢？

C：我还是想先看车。

S：也就是说车看好了无所谓价格。

C：对、对。

S：您肯定是事业非常成功，买车不差钱。那咱是一次性购买还是分期呢？

C：全款吧。

S：好的，根据您上面说的，我给您总结一下，您之前开的是雅阁，是因为您在国企工作，外形方面要稳重些。另外，您之前有个不太好的经历，可能您这次买车要换个安全性高的，但是我们要接贵宾，舒适性能肯定也要特别好，您说我这么理解对吗？

C：也可以这么理解。

S：然后呢您需要购物，有时候您还听听音乐放松一下，车在这方面也要符合我们的要求。

C：我感觉音响要好一些。

S：那这样吧，根据您的要求，我给您推荐我们展厅这款××豪华版。您看这样好吗？我给您介绍一下我们的新车，您感受感受。好，您这边请。

上述对话是4S店实战中需求分析的内容，是××展厅从展厅接待到客户需求分析的一段对话记录。

2.1 需求分析流程及话术举例

2.1.1 需求分析概述

伴随着汽车产业的激烈竞争和消费者的日趋成熟，理解客户需求是塑造企业产品和服务价值的基础，只有深刻理解顾客的需求，销售顾问才能在车辆品质性能解说的过程中，将产品配置和功能转化为顾客认可的、个性化的价值。一般来说，客户购车主要基于使用、经济和定位三个要素来考虑购买的车型。如表 2-1 所示。

表 2-1 客户购车要素分析

	谁开（who）
	做什么用，是公用还是私用（what）
	经常在哪儿开，是城市还是郊区道路（where）
使用	什么时候购买（when）
	对哪个车型比较关注（which）
	曾用车经历，当初选购的理由
	不满意的因素，最在意的因素等考虑
经济	购车预算，是否做二手车、贷款等考虑
定位	身份的贴合、职业、职位、朋友圈、社交需要等考虑

2.1.2 需求分析流程及话术举例

需求分析流程如图 2-1 所示。

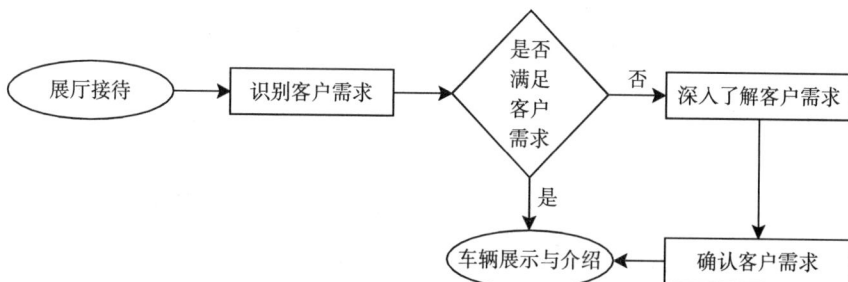

图 2-1 需求分析流程

从图 2-1 中不难看出，该流程通过观察和询问两种方法完成该项工作内容，识别、深入了解客户需求和确认客户需求以达到根据客户需求来展示与介绍车辆的目的。

2.1.2.1 观察

客户进入展厅后，观察客户的衣着、姿态、眼神、表情、行为、随行人员、手机等特点，因为这些外在因素在一定程度上反映出这个客户的一些特性。如表 2-2 所示。

表 2-2 观察客户的特性

衣着	一定程度上反映经济能力、选购品位、职业、喜好
姿态	一定程度上反映职务、职业、个性
眼神	可传达购车意向、感兴趣点
表情	可反映情绪、选购迫切程度
行为	可传达购车意向、感兴趣点、喜好
随行人员	其关系决定对购买需求的影响力
步行或开车	可以传达购买的首部车是什么品牌，置换、预购车型等信息
手机	可传达偏感性还是偏理性，经常放在包里与拿在手里表明不同的性格特点

事实上，成功的销售不是如何去说服客户，而是对客户的需求做出最精确的了解，根据需求然后再选择和解释产品。所以，我们要了解客户的类型并对每种类型客户有具体的应对方法。常见客户类型主要有以下三种。

(1) 情感导向型客户。情感导向型客户注重人际关系，一般来说，具有如下特点：认为自己根本不懂，或者根本不想了解车辆的技术方面；时尚、比较感性、爱表现，愿意和销售顾问讲自己的经历、自己的想法，说话非常直接；话痨，也很容易受一些外在事物所吸引，重视表面的东西；对自己感兴趣的地方情感外露，喜怒哀乐溢于言表；喜欢成为焦点和被关注的中心；动作幅度大，较夸张；关注车与众不同的地方。

应对方法：称赞他，关注他，并迅速找到车辆对他的吸引点，并强化和放大；需要结合他的感觉或者听觉来进行讲解，如"用这种配置等级的音响放你喜欢的古典音乐绝对是一种享受。您要不要现在就试试看？"；尽量不要说太多的专业术语和技术名词等，而要多用形容词，强调感受和体验；最好能当场成交或交订金，因为其购买属于冲动消费，注意力很容易转移，也很容易被其他品牌吸引。

（2）性价比导向型客户。性价比导向型客户注重物有所值，一般来说，具有如下特点：主动了解车型相关知识是要确保他买的车物有所值，没有不必要的多余功能；希望购车过程快捷、迅速，喜欢控制事情的节奏，同时达到他的心理价位；反感销售顾问过多的配置推荐；自己的想法不容改变，重视实际，说话直接，动作利落；以"我先看看哪款车能够满足我的需求，然后哪里价格最优惠我就到哪里购买"，典型的购买决策。

应对方法：销售顾问回答提问时应简单明了，不与客户发生正面的争执等；要让客户了解到公司是非常重视信誉；不推荐不必要的配置，同时为他解释为什么不需要，先建立信任，等到其确定要购车后，可适度做推荐；行为、情绪同步，让客户认可；塑造价值、车的保值空间等。

（3）车辆性能导向型客户。车辆性能导向型客户属于典型理性购买，一般来说，具有如下特点：对买车的过程比较关注，并希望购买一辆最能体现个人风格和身份的车；喜欢给人以精通车辆相关技术的感觉，希望按自己的喜好被接待；比较关注车辆细节，相关参数和配置等；购车决策周期长，比较的车型也会很多，一旦选好车型，也会非常忠实。

应对方法：和客户讨论有关技术方面的问题，多用专业术语，显示专业知识能力，"流程化"促成交易，不逼单；关注创新技术、环保的应用等；引用权威报道或测评结果；称赞客户专业、细致；有不同的意见时，最好能让客户自己论证或找出正确答案，而不是一味争辩；试乘试驾要做的很充分，忌讳敷衍了事。

2.1.2.2 询问

（1）询问技巧。通过观察客户，在与客户沟通中，我们首先要思考提什么问题；其次是如何表达；最后是何时提出问题这三个基本要求。即按照以开放式问题引导客户回答，以封闭式问题确认客户需求，赞同客户的需求并提出建议，举例证明四个话术顺序来提问。

开放式问题

"购买汽车您主要考虑哪些因素？"

"您现有的车辆是什么配置?"

"您认为您原来的车开起来怎么样?

"您大约什么时候需要您的新车?"

"除了您本人外，还有谁开这辆车?"

"您认为银白色的××车如何?"

封闭式问题

"您喜欢这辆黑色的××车吗?"

"您购车是自己开吗?"

"您以前开过××品牌车吗?"

"我们现在可以签单吗?"

模拟实战

激发性问题：让客户说话（引导客户）。

如"是吗，有这样的事，然后呢?"

影响性问题：暗示客户需求（建议客户）。

如"我的一个客户和您一样的行业和要求，就选择的是这个车型，现在反映也很好，您也肯定很重视这方面的考虑吧?"

诊断式问题：查明实际情况（与客户做确认）。

如"这个车型相对于刚才那辆增加了一些配置，价格也有所不同，您觉得怎么样?"

探寻型问题：探究根源，研究方案（寻找异议点）。

如"这车各个方面都非常适合您，能满足您的需要，为何不重点考虑呢?"

吸引式问题：引导结果，达成共识（解除异议）。

如"最初我也是像您这么想的，也有客户像您这样问，不过，有一次一件事情改变了我的看法，您想了解吗？"

（2）了解客户需求。通过询问识别、深入了解客户的需求，模拟中使用开放性和封闭性的问题，了解客户的基本需求；力求获得客户的信息、感兴趣的车型、感兴趣的配置、看车或用车经历、购车用途与使用人、购车时间与预算、是否拥有或接触过我们的产品。请客户描述理想的用车或驾车体验（主要是道路类型、速度、动力、音乐、舒适性等）；询问客户对于其他车辆的体验，尽量获得目前所考虑的竞品车型的信息；通过开放式的提问获得信息，认真倾听，记录客户需求，必要时使用辅助的演示工具或材料；在客户描述体验时，注意细节，洞察客户没有明说的、对车辆深层次的需求（主要是车辆对车主形象的提升，家里儿童对车辆安全性的特殊需求，家人用车等）。

[话术举例]

（1）"您一般是开车上班代步还是有其他的用途？主要是长途还是短途？一般有几个人乘坐？"

（2）"您最喜欢现在这部××的哪些方面？有哪些方面您觉得不太满意？"

（3）"您还去看了哪些品牌？您具体考虑哪个配置的？您打算什么时候用车？"

（4）"×先生/女士，您刚才提到您经常外地出差会用到您的车子，那您应该较为关注车辆长途驾驶的舒适性了，对于长途驾驶中经常用到的定速巡航您是否需要呢？"

（5）"先生，您这么年轻，我想您买车的主要用途应该是为了上下班方便，我说的对吗？"

（6）"您看，我们这里各种车型和配置的车都有，您自己挑选的话可能会有些无从下手，如果我知道您买车的主要使用目的，就可以为您推荐几款最适合您的车了。"

（7）"先生，是这样的，我们店经常会举办一些回馈客户的活动，届时客户会收到一些礼品，所以请您在这里留一下联系方式，到时我们好把礼品寄给您。"

（8）"×先生，选车一般都会考虑5个因素：动力、安全、操控、舒适和品牌。您最看重是哪几个因素？"

（9）"×先生，既然您购车主要是为了接送孩子上下学，我猜车的安全性一定是您首先要考虑的因素，对吧？"

（10）"×先生，打算买个什么价位的车呢？"

（11）"×女士，您是专程来看车还是路过呢？最近有购车的打算吗？"

（12）"×先生，我们有几位客户都是在看好车型之后着急用车，却刚好没有现车，所以我想问问您大概什么时候用车，以免耽误您的用车安排。"

（13）"随便看看也没关系啊，我给您拿些资料，咱们先了解一下，您看好吗？"

（14）"×女士，您说得太对了，您对车的了解已经超过了一般购车的客户，您以前总开车吗？"

（15）"以前人家都说女性没有男性懂车，看来这种说法也不准确啊。"

（16）"×先生是从事证券行业的啊，真是年轻有为，我有时也会买点儿股票，以后要向×先生多多讨教。"

（17）"×先生，请问您这次购车主要是由谁来使用呢？……两个人都开，准备把旧车换掉呀，看来您现在使用的车已经满足不了你们的需求了，是吗？您现在使用的是什么车？"

（18）"您今天一个人来店看车，是打算先看一下再带家人来看，还是准备自己决定呢？"

（19）"×先生是来帮Y先生来参考的吧？您很懂车吧，等会要向您多请教了。"

（20）"您喜欢开车去郊外露营啊，真好，到户外去呼吸新鲜空气，陶冶情操，我也比较喜欢户外运动，休息的时候也会去郊外，所以对于驾车外出郊游时的注意事项还是有一些浅见的，可以在您选车时提供一些建议。"

（21）"除了开车出去游玩和上下班代步，您的车还有其他用途吗？比如接送客户……"

（22）"您说的很对，对于家用车而言，舒适性和操控性都是客户所关注的，方便、舒适才是您买车的首选。"

（23）"×先生，您也一定给Y先生很多的建议吧？您给的建议真的很专业，现在就是找专家，他们说的也不过如此。"

（24）"×女士，自动挡开起来比较轻松，减轻了上下班堵车时开车的烦恼，更适合您上下班时候使用。就算您有电话要接听也不会手忙脚乱，避免了安全隐患，平时去郊外或者不拥堵的地方您也可以切换成手动模式，尽情享受驾驶乐趣。"

（25）"×先生，您打算全款买车还是贷款买车呢？之所以向您推荐汽车贷款是因为有些客户会有其他的投资渠道，所以会考虑贷款买车，让现有的资金去产生更大的利益。为了对客户负责，我们会询问客户是否需要贷款服务，因为我们××有自己的金融公司，在相关手续的办理上还是相当便利的。"

（26）"关于配置上您还有其他的要求吗？比如说车载影音导航系统，有了车载影音导航系统，在您驾车出游的时候给您提供了正确的方向指引，避免了迷路、问路带来的麻烦，您觉得呢？"

（27）"×先生，刚才听您说起最近看过的车子，您好像对××、××等日系车的舒适性很满意是吧？这些日系车的哪些细节让您最满意呢？"

（28）"×先生，像您这么顾家的人，肯定会把车辆的舒适性与安全性作为选车的标准。您觉得我说的对吗？"

（29）"您喜欢哪些配置呢？倒车雷达啦、手自一体变速箱啦……"

（30）"×先生，要是您买车，你最关注哪些方面？"

（3）确定客户需求。识别、深入了解客户的需求后要确认客户需求，站在客户的角度，总结客户的需求，并进行确认；询问客户是否还有其他的需求和期望；在产品展示之前，确定需求的优先级，将需求按照优先程度从高到低进行分类；选择某一款车型做重点推荐，并解释推荐的原因；基于推荐车型的客户接受度，过渡到下一流程。

[话术举例]

（1）"×先生/女士，请允许我简要概括一下您对新车的要求。您主要是工作代步和接送孩子来使用，当然商务中可能也会用到这款车。您希望新车既易于操控又不失体面，车子应该具备先进的驾驶配置和技术，能够确保最大程度驾驶享受。当然，您对安全性要求也很高，毕竟家人会经常用或乘坐，且油耗比较低。×先生/女士，您能够再具体谈一下对油耗方面的要求吗？"

（2）"×先生/女士，根据您的需求，结合对您的了解，我觉得××车非常适合您。之所以这样说……这是我们的××车的材料，您看……"

（3）"×女士，根据您的需求和购车预算，我觉得有款车很适合您，那就是××两厢。"

（4）"接下来我就针对您的需求具体介绍一下我们的产品？您再和朋友综合考虑一下。可以吗？"

（5）"×女士，看来您对时尚的见解真不一般，白色的车型配成功的女性，让人赏心悦目，很符合您现在的身份。××品牌车正是为您这样的成功人士所量身打造的，车能衬托出人的品位，您选择我们××的同时，不经意间就向别人展现出您不只事业有成，同样追求生活品质的卓越风采。"

2.2　需求分析实操

2.2.1　实操内容

实操需求的内容如表2-3所示。

表 2-3　实操需求分析的内容

考核项目	考核点
需求分析	彬彬有礼、谈吐得当，尊重客户隐私
	通过询问了解客户的生活方式并且知道客户的期望
	确定并认真对待客户个性化的需求和偏好
	能按照客户这些需求和偏好来调整产品及服务的推荐
	依照客户的汽车知识水平及客户在购车流程中所处的阶段，从而调整客户的服务
	详细了解客户感兴趣的车辆及相关问题
	向客户提供真诚、客观的建议
	通过主动询问，获得顾客的相关信息，并把握顾客没有提出的、隐性的需求
	通过平等、有亲和力的交谈进行需求分析，迅速建立与顾客的关系

【要求】

(1) 精神面貌要求礼仪规范、亲和力强、充满自信。

(2) 肢体语言要求姿态良好、眼神专注、手势运用恰当。

(3) 实操结束后，注意用具摆放整齐，保持桌面及周围环境的整洁。

(4) 每组派两位学员，扮演客户与销售顾问并模拟需求分析的情景。

(5) 销售顾问要在尽量短的时间内找到和客户寒暄的话题并演练。

【训练】

题目 1

宋女士农村出生，在城市长大，适应了现代都市生活，喜欢紧追时尚潮流。想给自己选择一款高雅精致的车型。经朋友推荐，她自己看上了×款车，并想详细了解其信息。在电话预约的情况下，宋女士到了×品牌4S店展厅。

题目 2

王总对生活质量、生活品位要求比较高，尤其是追求高品位的商品。近期王总想给自己换购一辆车，以便于社交与旅游，但一直对选购车型迟疑不定，决定先到各4S展厅了解情况。电话预约后王总到了×品牌4S店。

题目 3

马先生，单身"贵族"，现有一辆3年前在二手车市场购置的普桑，他身边的朋友开的均是动力和操纵感强的车。所以想给自己换购一辆功能比较强的车型，但不知选什么品牌好，于是跟朋友一起来到×品牌4S店，想听听4S店销售顾问给自己车型定位的建议，以确定哪款车更适合自己的需求。

题目 4

李先生，企业中层，家住邻城（相距50公里），妻子（公务员）与孩子在邻城上班、上学，单位车改，所以准备给自己买一台车，方便全家使用。苦于不确定选购什么样的车型，在同事的陪同下，进店到×品牌4S展厅来咨询。

题目 5

杨先生，企业高工，自己现有一辆车。为照顾妻子上下班、接送小孩上学，想添购一辆给妻子。通过电台得知某品牌 4S 店正在做一期团购活动，于是电话咨询了该车型活动内容，对活动非常感兴趣，当天下午带妻子一同来到×品牌 4S 店。

题目 6

李女士，服装店老板。从事服装行业 7 年。觉得开车太危险，所以一直没有购买。最近发现身边的朋友们都买了车，于是跟丈夫商量也选购一辆车，方便上下班和业务洽谈。夫妻俩准备先到各品牌 4S 店里去看看，于是拨打了某品牌前台电话进行咨询，并一同打出租车来到了 4S 店展厅。

题目 7

栾先生，大学教师，刚贷款买了房子并装修，准备年前结婚，岳父母愿意提供车款的一半资金，资助其购买汽车，方便婚后夫妻上下班和回家看老人。朋友（在汽修厂工作）推荐其买进口品牌，可栾先生认为本土品牌也不错。栾先生决定先到本土品牌 4S 店去了解一下各车型信息。于是来到×本土品牌 4S 店展厅。

题目 8

何先生，夫妻经营土杂批发，儿子下月结婚。夫妻准备送一台车给儿子做礼物，方便小两口婚后上下班、外出用。何先生在报纸上看到某 4S 店的广告，于是拨打了电话咨询，决定近期进店详谈，由于不确定儿子喜欢什么车型。于是接受销售顾问建议，同儿子一起乘车来到了该品牌 4S 店展厅。

2.2.2 实操考核

实操考核的内容如表 2-4 所示。

表 2-4　实操考核的内容

考核内容	配分	考核点	扣分	得分
礼仪	10	着装规范、手势合理、表情自然、语言流畅、姿势到位，符合商务接待礼仪规范（每项 2 分）		
需求分析	40	未主动询问客户的购车需求扣 10 分；未认真听取客户的需求扣 10 分；未能根据客户的需求主动推荐车辆扣 10 分；未了解客户的需求程度，不自然、不大方扣 10 分		
语言表达	20	口齿不清晰、不流畅扣 8 分；内容无条理、不富逻辑性扣 4 分；用词不准确、不恰当、没有分寸扣 4 分；语音、语调、语气不对扣 4 分		
应变能力	20	有压力状况下思维反应敏捷；情绪稳定，考虑问题周到		
创新意识	10	创新的思维方式；处理问题的创造性方法		
总分	100	得分		

任务❸ 车辆展示与介绍

【学习目标】

● 掌握车辆展示与介绍的内容

● 模拟中针对"客户"的需求和利益，用通俗易懂的语言专业地介绍产品，激起"客户"的购买欲望，体现产品自身及带给"客户"的价值

【学习重点】

● 车辆展示与介绍话术

【学习难点】

● 模拟演练相关情景

【任务导入】

S：销售顾问　　C：客户

对话 1

S：这边请，王先生如果第一次来我们展厅，这台 XX 基本上在路上能看得见，看见这台 XX 最主要的感觉是什么？

C：外观挺漂亮的，流线挺好。

S：咱平时形容车都说这车挺好看的，媳妇会说：老公，这 XX 设计不错啊。其实最主要的设计，老款 XX 它是很圆嘛，那现在在新 XX 中呢，我们会主要关注它的流线型，您看啊，前进气格栅的设计，咱老辈有一句话叫天庭饱满，地阁方圆。为什么这么说呢，就像它的大脸很厚重、很胖乎，非常压重。那您有没有听过我们品牌的一个来历？

C：没有，还真没太关注。

S：对啊，它现在有一百多年的历史，在一百多年历史当中，像国外在"二战"期间也经过很多炮火的洗礼，实际上它是一个非常坚强的品牌。在中国老百姓眼里是一种官车的象征。

C：对，对。

S：为什么有这种感觉，您有没有研究过？

C：这个真没研究过。

S：那我告诉您王先生，因为我们这个四环标识，环环相扣，象征圆圆满满，所以说经商的人、做官的人都喜欢圆满，喜欢风水好，不漏财也不漏气，锁的牢牢的。所以说要是咱们自己做生意，这种感觉其实很重要。

C：嗯。

S：您现在再看一下我们两侧大灯的灯光，这个灯光有您喜欢黑色的车黑色霸气的感觉，会不会让您感觉像鹰眼大灯，非常的锐利。

C：这灯也很漂亮。

S：晚上开起来的感觉会更漂亮，我给您开一下啊。这个我特别喜欢向我的老朋友、老客户介绍这样的灯，您看我们在白天在阳光比较充足的情况下，看到这个 LED V 翼型的灯。

C：很亮啊。

S：R8 车型中才采用，但是跑车的元素在这里面就淋漓尽致地体现了一些，也是它时尚的一个来源。天黑后，我们可以设定为自动调亮，进入隧道大灯自动调亮以后，后面的人会说，前面那 XX 的灯光好漂亮，一点一点的，像满天繁星，显得特别时尚。再看下面的流线型，像这种感觉在我们实际中除了好看以外，还很实用。风阻系数有个向下压的力，风从前面吹过来，它会一直在走低，当您的时速超过 140 公里之后，会感觉使劲向下压，还不会有特别大的风噪，所以每款设计都是结合实际的。

C：我朋友的车和我现在的车相比就是噪音大。

S：噪音比较大，其实在 20 世纪的时候就可以把静音效果做得非常不错，像可以把立起来的硬币放在发动机旁边，但是硬币却不会倒。

C：哦。

S：但是实际上，德国的高速是不限速的，它更喜欢人享受激情和灵动，"呜"一下的感觉。

C：个性不一样啊。

S：对，然后您开出去会让人觉得有驾驶的快感，这也是我们作为运动型车的一个卖点，另外咱说到发动机，我想特别向您介绍，打开给您看一下，稍等。

C：好。

S：您看，王先生，我轻轻把盖打开，它有个上翘的力。

C：自己就上去了！

S：像以往的车型一般需要支一下，这地方有灰尘会蹭到衣服，这也是非常不方便的，进入您眼帘最主要的感觉是什么？

C：很满。

S：很满，很规整是吧？

C：对。

S：感觉就是一打开后不凌乱，其实给咱印象最深刻的是它的技术够严谨。

C：我朋友说你们车"烧"机油。

S：其实我特别喜欢向新来的客户解释这样的问题。为什么呢？因为"烧"机油我对这事都很排斥。其实"烧"机油是消耗机油，为什么说消耗机油呢，同样的德国车中，像中国市场的路况，塞车非常严重，有时候刚开出去，必须要怠速又塞住了，而它的气缸内壁不像日系、韩系车是光滑的，它有个小油槽，它的油槽内部像个小油库，消耗的是内部的机油，所以说消耗机油是保护发动机的寿命，这就像我们开高速时会省油，低速或怠速会比较费油。这样会换来发动机的寿命长，而且整个机器的柔韧性会更好。

C：这样很值啊。

S：非常值得，现在这款发动机是直列四缸，咱知道男士对技术可能会比女士更专业一些。

C：也关注一些。

S：有关注功率的，有关注扭矩的，这款的扭矩320N·m已经是相当大了，从科学角度讲算3.2L的排量，所以会听朋友说以往的老款很"磨叽"、很"肉"，但是这种感觉却不会在这款车中体现，车一冲出去后会感到特别轻盈，很灵巧，我敢说它会比您原来小排量的索纳塔轻盈，它虽然没有××沉，但一点不比××显得灵巧。看完发动机后您得亲自感觉一下这个钢板。

C：很厚啊。

S：向上的话非常柔韧，如果向下拉的话您会感觉到钢板的密度和硬度，王先生跟我到这边来。

C：好。

S：刚才我们说到中间这侧它的减震效果也是我特别想向您介绍的，五连杆的悬挂，一般在车型中我们会说麦弗逊，可能技术类的东西会比较多，但是五连杆悬挂最大的好处是什么呢？如果是坑洼不平的路，我向左拐或者向右拐它不会有任何的颠簸感，或者是感觉侧滑，把不住，您还得不停打方向盘。它有一个支杆是直接连接在转向柱上的，而且五连杆跟后面的梯形连杆结合，循迹功能又非常好，这样在比较冷的地方，有时候像奔驰的C系，后驱车开起来的时候有冰有雪那就可遭罪了。

C：哦，虽然说那个舒服，但没您这个合适啊。

S：对对对，而且我们平时平原地区开后驱，如果是前排的话我们开前驱。

C：噢。

S：那顺着我们前排的弧形的点线延伸到这个侧面之后您会发现它的玻璃非常窄，为什么呢？这也是我们安全性的一个考虑。

C：这车也比原来大了。

S：比原来老款的要大很多。

C：XX新款是不是都国产化啊。

S：其实它属于合资的，我们现在很多零部件都是原装进口的。

C：您的意思就是国产化以后不影响它的品质。

S：不会影响的，而且我们可以看一下市场中对于品质的反馈，目前对××的市场反馈还是不错的，现在我们除了安全感还有很多可以听起来的元素，可以拉一下门把手感觉一下，看它门板的厚重因素，关门之后您可以感受一下。

C：嗯，很厚。

S：对，非常厚重。顺着侧面的流翼形我们来到后侧方，后侧方除了一个上翘的扰流线之外，最重要的是把这车的流线型特点凸显出来，跑的时候风会从这侧下来之后打一个回旋，但不会把整个车有向上抬的力，开起来非常舒服，感觉到您人和车是合一的，那我们在后排当中呢，您看我手里的遥控器，我轻轻一按，它自动就开了。

C：这个东西往里放可以不用腾手了。

S：对，我还不用把东西放地上，会脏了，不用那么麻烦了。

C：对。

S：打开后备箱之后感觉空间怎么样。

C：挺大的而且规整。

S：咱原来的车会有鼓槽啊。

C：底下是一鼓的那个。

S：小孩现在三岁，将来孩子再大点会和您要自行车，然后再大点会要汽车。

C：再大都能塞里了。

S：对，折叠款的自行车往里一放，然后里面还可以放家里的野餐垫、野餐盒，非常轻松。

C：对，两个自行车都能放下。

S：王先生您看啊，如果我们要关闭后备箱，假设您没关，他的小手会去钩，您看它多了很多儿童的保护装置，不会让他夹到手，然后在侧面我们轻轻一关，它也不会突然自己掉下来，需要您有一个向下的液压力。

C：往下拽一下。

S：对，所以对孩子而言每个小细节的设计都非常重要。

C：人性化好啊。

S：嗯，我们从后排这侧绕过来，XX 车由很多线条来勾勒，您说非常注重家里人乘坐的空间，打开门您看一下，后排的乘坐空间您亲自感受下。

C：好，试试。

S：平常是不是开车也很少坐后排。

C：对，还真的是，挺舒服的，而且很贴身。

S：很贴身，就感觉背部和后排座椅非常服帖。

C：对。

S：王先生，我们在 XX 车中非常注重人机工程学，您坐在这，我们的座椅有凹进去的，为了防止您膝盖再向前，然后我们头部又有一个凹进去的地方。

C：哦，这块啊。

S：我们在每个身体的部位都能享受最大的空间。

C：对。

S：现在新 XX 的内部空间已经相当于老款 XX，所以说还是非常大。

C：确实，很舒服坐这。

S：侧面还会有很多拉线，如果平时您不喜欢贴膜……

C：就不用贴膜啦。

S：对，喜欢享受大自然的阳光，这些地方都是很好的设计。

C：很好。

S：后排座椅我们还可以折叠放倒。

C：还能放些东西。

S：对，孩子的滑板、滑雪橇都很容易放下。来，王先生，我带您看下您最关注的也是我最想给您介绍的来自丹麦的××音响，您坐我们的驾驶座，请坐。

C：行。

S：您自己开车感觉是最重要的，我帮您调一下合适的座椅。

C：好，现在行了。

S：调成这样感觉是最舒服的，是吗？

C：挺好。

S：我能到您的侧面为您介绍一下吗？王先生。

C：可以，可以。

S：好的，请稍等。王先生，现在映入您眼帘的是全系列××系统，您在网上有听过××吗？

C：没有。

S：好，我帮您把天窗打开。

C：好，谢谢。

S：天窗打开的感觉也是非常柔滑，没有非常大的噪音。我们的××系统也叫人机交互界面，导航，这车也是配置的，而且是3D立体导航。

C：噢，原配的。

S：对，以前的车像导航都有配置，已经不觉得新鲜，现在的车也都有，但是我们车的导航系统有什么优点您知道吗？

C：不太清楚。

S：这个一定得和您说一下，叫荒野查询功能，您看在页面当中，按一下目的地，目的地中有输入和手写两种，除了查询外，在特殊目的地还有个常用设施类别的查询，常用设施类别查询中有最近的加油站、停车场、中餐馆、火车站。

C：特全啊。

S：对啊，比方和朋友去吃饭，朋友问最近的地方哪有好吃的？我也不知道。那来吧，咱自己在车上查一下中餐馆。您看它甚至把咱们周围烧烤店、饺子馆都列出来了，像老汤砂锅，冬天喝点感觉特别舒服。

C：真全啊。

S：好，就在这位置，走路非常方便。而且其他方面，要去银行取钱吧，那最近的中国银行在哪儿？咱现在就可以查一下，还可以根据距离来分，真是非常方便。

C：真是很人性化，太好了。

S：而且爱人开的时候，除了导航系统外，您看还有并道辅助，如在并道的时候后面有车上来了，它会马上在后视镜有小亮灯提示您。还有轮胎压力检测，免去媳妇说，老公，我车坏了，没有气了。这个胎压监测系统会马上提醒您。

C：提醒她，预知了。

S：对，会提前告诉您让您在家就把胎换了。咱再看看您非常喜欢的我们的操纵界面，里面有来自丹麦的××音响，我们来感受一下！

C：效果挺好。

S：您看在音响效果当中，输入到音质效果有左右均衡，如果说您在接电话，我在旁边把这音量打到侧面。

C：哦。

S：如果孩子在后排座椅睡觉，我可以打到最前面，不会影响到孩子。那么王先生在咱们这界面中还有款叫我们的 P 键 A 键，这也是它非常独特的一个卖点，女士开车，您说您媳妇技术一般，A 键的功能是我按一下它就可以在路上停住了，也不用把刹车踩住。我说了这么多，想不想感受一下？您试过 C200，我们来试试 XX。

C：好。

S：包括我们来试试导航，试试在路上的效果，好不好王先生？

C：好。

S：好，我现在帮您办一下手续。

对话 2

C：好，就是这车，对吧？

S：就是这车。

C：XX，我觉得市场上挺多的啊。

S：首先，咱的确要承认 XXL 现在市场保有量非常大，那为什么会有这么多呢，关键是这车的品质得到了咱中国老百姓的认可，如果单从外形这方面来说，中国人买车越来越理性，我们要考虑它的综合性价比。而 XXL，对一个女孩来说开在路上太国民（VW）化，但我今天给您介绍的是全新的 XX 款 XXL，也就是说它在设计方面很多都采用了最先进的技术和时尚元素。我给您介绍，您感受一下。好不好？

C：好。

S: 之前咱见到 XXL 这款车，您站在它的前方觉得最吸引您的是什么？

C: 我觉得比较引人注目的就是前面这块。

S: 倒梯形的前脸设计，是吗？包括 Logo。

C: 是的。

S: 其实您一下就关注到我们 XXL 品牌的核心地方了。因为我们作为一个品牌，最核心的就是家族式的一种传统，作为高档品牌，最主要是体验文化方面的感受。您知道，我们这车前脸的一体式设计是秉承我们品牌家族在 19 世纪 30 年代就有这样的设计。

C: 这个没了解。

S: 是银剑赛车，它创造了当时世界上最快的速度，它就是这样的设计，在赛场驰骋，而我们一体式进气在尽量配合车的稳重、大气的基础上，让发动机有足够的进气量。在进气格栅的中间您会发现明显的 Logo，您感觉怎么样？

C: 也没什么特别的。

S: 这是车的一个标志，该品牌从 1909 年由霍西先生创始，距今已经有 100 多年的历史，也就是说它寓意着百年历史文化积淀。我相信李女士您从刚入职开始到现在成为高管，是通过不断的努力和自身经验的积累，才能达到现在这么高的水平。同样，我们的品牌也是，它通过 100 多年的积淀，使车的品质越来越先进，我们在正面可以看见格栅两边的大灯，您有没有夜间开车的习惯？

C: 夜间很少开车。

S: 很少是吧，我们的大灯采用的是远近光氙气大灯，保证我们夜间行车的安全，而且我们年轻人对这个 LED 非常感兴趣，您发现了吗？

C: 嗯。

S: 这下面采用的 LED 日间行车灯的设计，即使您在白天行车，把 LED 打开，回头率也是非常高的，其实最主要的是它起到示宽的作用，保证我们车在行驶中给前后车很好的警示。您刚才强调安全性方面，我把发动机舱盖打开，看一下内部构造，把出事故的担忧给您降到最低。

C: 好。

S: 我现在把发动机舱盖打开，您稍等一下。打开之后第一眼感觉怎么样？

C：我觉得挺整齐的。

S：其实我们这里面考虑到安全的一方面，比较规整。您有没有发现我们发动机在后面，前面有很宽的空间，而发动机离驾驶舱还有一个很长的空间，这个我们叫作两个缓冲区，第一个缓冲区是为保护发动机和行人的安全，符合欧洲行人保护法规定，第二个缓冲区是保护驾驶员安全。当车年限使用长时，线路老化会发生自燃，您会发现XXL的线路很少，没有搭连的情况，所以可以避免线路老化自燃的现象，安全性更高，而且方便我们日后维修保养。

C：不过我听朋友说AD的机油消耗量比较大。

S：这说明您对我们品牌的关注度是非常强的，其实我们很多顾客都担心机油消耗，这么说吧，在大功率、大马力的车上都存在机油消耗，因为高压缩比会使车的机油挥发掉一部分，比如英菲尼迪的VQ发动机，斯巴鲁的发动机，在说明书中也有写到每1000公里有0.5升的消耗是属于正常的，但很多顾客会理解为烧机油，其实烧机油是很严重的情况，但我们品牌车不存在，是因为它尾气没有冒蓝烟。

C：哦。

S：另外，和个人的驾驶习惯有关系，有人开车习惯不太好，老是"狠"给油，"狠"刹车，它机油也会有一部分消耗。所以说您只要正常开车，注意正常的维修保养，机油消耗方面不会给您带来什么麻烦。下面我把发动机舱给您盖上？

C：好的，好的。

S：把它盖上后形成了一个V字形前脸，其实我们也有个寓意，寓意着成功，您从雅阁选到了我们XXL，代表了您的事业蒸蒸日上，而且是越来越成功。我们这车的前悬架采用的是四连杆悬架，您开这车转向会更加精准，尤其像咱大连冬天的天气，开起来会更加安全。侧面的话我想带您看一个东西，您这边请。

C：好。

S：您有没有发现我们车的顶篷和雅阁有什么不同？

C：这我还真没太注意。

S：雅阁是不是有块胶条？您回想一下。

C：好像是有。

S：其实当您说侧面受到影响时，其实就是焊接车的工艺受到了影响，为什么呢？这胶条是为了掩盖焊点，车顶篷的连接我们采用的是激光焊接技术，而雅阁采用的是点焊，点焊是一点一点焊接上的，就像我衣服上的纽扣，即便焊的再密，它中间还是有缝隙，如果发生碰撞，安全性不会很高，但是激光焊接是分子之间的连接，两块钢板能达到一块钢板的程度，它的安全性就更高。作为年轻人，XX 感觉相对要稳重，但它有时尚的元素，刚才我说到了，与前面大灯相呼应的 LED 尾灯，夜间行车会是一个非常漂亮的立体形状。像咱出去购物啊，逛街啊，肯定会买很多东西，我们现在看看后备箱的空间，您感觉呢？

C：空间很大。

S：您没发现，刚才我开这后备箱有一个动作，只要一开就可以松手了，这两侧是液压杆的，501 升空间布置又非常平整，我们 XXL 这款车是做到了全方位保护，不仅前面有缓冲区，侧面有激光焊接，尾部呢，501 升的空间除了放更多的东西外，还考虑到安全。如果发生追尾，要有一个足够的缓冲空间，不会伤害到后排座椅的人，因为有时候接待贵宾，这样的安全性是必须要有的，包括我们夜间要拿后备箱东西，带三角警示牌带反光片，可以保证安全，我刚才说了这么多，您是不是感到我们 AD 车的安全性是面面俱到的。

C：确实。

S：作为贵宾而言，必须得有个好的洽谈空间和乘坐空间，您先体验一下我们的后排。

C：好。

S：来，您当心！怎么样，李女士？

C：嗯，空间很大！

S：空间很大，是吧，您看座椅是加长的，所以跑长途腿部的支撑会非常好，而且后面坐两人，有较大的中央扶手，您扶上去感觉一下，如果要给贵宾一个私密性空间，这款车还有手动的遮阳帘，包括后挡风玻璃电动遮阳帘，舒适性是最高的。

C：不错。

S：这车平时是您开，我们要到主驾驶去感受一下。

C：好。

S：您当心。我先给您调整座椅的位置，您感觉这个位置可以吗？

C：可以。

S：其实坐在里面，您会感觉到内部设计是非常合理的，它都是倒向驾驶员一侧的，好，您看我可不可以坐到副驾驶给您介绍。

C：可以。

S：好的，您稍等。我看您一进来就把目光放到这上面了，我先简单介绍一下它，这是我们品牌的 MMI 交互界面，是一个集成系统，把车辆信息系统、导航信息系统、娱乐信息系统和通信信息系统集成在一起。这车采用的是 boss 音响，这个品牌您肯定知道，整车十三个扬声器的环绕效果是非常好的，我给您放一下，您听听。而且可以根据您的不同需求在屏幕上设定高音和低音，还有环绕的效果，您感觉音响满意吗？再一个就是我们的 ESP 电子稳定程序，也会第一时间告诉您运行状况，而且这车还有侧向辅助功能，您要并道时，您看后视镜，并道时它会有灯闪，会告诉您后面 50 米范围内您要并的道路有没有车，第一时间保障安全，其他的包括操纵方面，我们一会儿在试驾过程中感受，您还有其他问题吗？

C：暂时没有了。

S：那我去给您办理试驾手续。

上述对话是需求分析对话的延续，讲述的是销售顾问如何向客户介绍汽车产品。

3.1 车辆展示与介绍流程及话术举例

3.1.1 车辆展示与介绍概述

在车辆展示中，通过提升顾客对于产品价值的认同，最大限度地提高购买意向，并将顾客的异议或顾客对竞品的关注降至最低。由于顾客的产品知识日益丰富，所以销售顾问只有具备更丰富的产品知识，才能赢得顾客的信赖。

在车辆介绍中我们通常使用六方位绕车介绍方法，介绍产品配置使用 FFB 方法，解决客户异议使用 CPR 方法，应对竞品质疑采用 ACE 方法，利用 4S 方法来展现我们产品的优势卖点。

3.1.2 车辆展示与介绍流程及话术举例

车辆展示流程如图 3-1 所示。

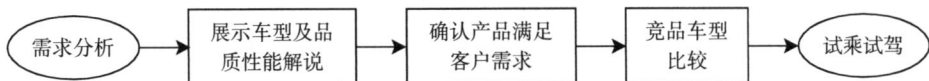

图 3-1 车辆展示流程

在此流程中，我们的工作任务是引领客户到展车区域，手掌张开为客户指出方向，与客户并排走，将客户让到销售顾问右侧；从推荐的产品开始展示，且在展示时，使用 FFB 方法突出对于客户的好处，如该车为新车或客户了解甚微，可采用六方位绕车介绍方法来展示讲解；在讲解车内配置时，请客户坐在驾驶座上，销售顾问坐在副驾驶座椅上；利用演示工具展示那些在静态展车上无法演示的功能；在展示产品配置时，邀请客户体验车辆（坐在车里看、摸、听……），提高客户的感性认知；运用想象和客户的回忆场景，描绘在使用、享用特定配置时的感受；考虑客户的需求优先级，为客户说明不同配置和型号的差别。

在沟通中，要简单复述或总结已经讲解的配置如何满足顾客的需求；就配置是否满足了顾客的需求向顾客征询意见；如果顾客有异议，采用 CPR 方法化解顾客异议；如果顾客对该车型不满意，耐心询问顾客的异议点，并做好更换车型的准备。

不诋毁客户提出的竞品特点；采用 ACE 方法进行竞品比较来强调我们产品的配置如何更好地满足顾客的需求，从而获得客户对我们产品的认可。

利用 4S 方法来展现产品的优势卖点。通过标准的设定来询求客户的认同，并使用高一档次的产品来进行烘托，总结其产品中的共性和优势，得到客户的认同后再邀请客户体验产品，进一步突出产品的优势。

3.1.2.1　六方位绕车介绍

六方位绕车介绍是通过科学分析和根据众多销售人员的经验，形成的一套从特定位置进行实车讲解的方法。六个方位，通常是正前方、侧面或副驾驶座、车尾部、车后座、驾驶座、发动机室，如图 3-2 所示。通过六方位的介绍，销售顾问容易记住车辆的介绍点。

图 3-2　汽车介绍的六个方位

六方位的方法使介绍富于条理，使顾客容易对整车产生良好的印象。最终目的是能让客户对产品产生更大的认同，进而产生购买行为。为了方便学习，就以实训区 DFRCTL 和 YQVWMT 为例，认真演练。

首先，带领顾客到感兴趣的展车，与顾客并排走并保持交谈。

其次，从与顾客所提出需求匹配的产品配置开始展示产品，并对车型进行简要的整体介绍。

最后，在讲解车内配置时，请顾客坐到驾驶座上，此时，销售顾问应在门口采用半蹲式，简要介绍座椅和方向盘及左侧仪表板和门户板上的功能键，征求顾客同意后，再坐在前排乘客座位上。

正前方重点介绍车辆的整体感觉，强调车辆的设计理念，突出主要设计元素。用感性的话引起共鸣，突出车辆整体的感觉，为接下来的介绍做好铺垫，给客户对车辆的认知定一个基调，让顾客暂时忘却既有的观点，进入销售顾问的频道。

侧面介绍突出主要设计元素，不可见的安全装置，不可见的技术装备，解释主动和被动安全装置之间的差别。所以要充分运用相关工具，安全使用典型案例等增强说服力，让顾客真正感知到技术的先进，及时观察顾客的反应。

车后部介绍突出停车辅助系统，后备箱易于开启及放入物品，突出后备箱的大小和灵活度，展示后排座椅折叠后增加后备箱的容量，根据客户反映随时进行调整。

车后座介绍展示如何容易地进入后排座位，突出宽敞的腿部和头部空间或展示舒适性与实用性，演示如何使用扶手和杯托，解释头枕调节和座椅安全带的功能，询问顾客谁会经常坐在后座并保证合理的前座椅位置。

驾驶座介绍要以情境化语言、顾客需求为导向，引起顾客的好奇心，让顾客自己动手，演示如何容易地进入前排座椅，演示座椅、方向盘及后视镜的调节，演示与驾驶相关的功能和特征，如仪表、大灯开关及功能说明、空调、定速巡航，等等，演示娱乐相关功能。

介绍发动机舱时，开关发动机盖要潇洒、自然、随意，语言不要刻板，让顾客感觉到很先进就够了，不要期望顾客可以全部听懂并记住。要演示如何容易地打开发动机盖，演示如何查看蓄电池，如何加防冻液和加机油以及如何查看机油尺；解释此款车型可选的发动机之间的差别；突出技术创新，并说明油耗低和发动机高性能的原因。

[话术举例]

(1)"×先生\女士，您刚才提到因为每天大概要有1个小时是开车上下班，所以很注重车辆的舒适性，如果您不介意，我想坐在副驾驶的位置，为您更加详细地展示各种配置，可以吗？"

（2）"抱歉！×先生\女士，这款 XX 没有装配导航系统，但我可以在那边的全新 MT 上让您看看这个配置。［指出方向］我们去那边看看吧，我为您更加详细地展示这个配置的功能。当然，需要的话我们也可以为您加装导航。"

（3）"我们为座椅和内饰提供不同种类的高品质皮革。如果您看看这些翻毛皮材料样品，您就可以看到和感觉到细微差别，请您触摸一下它的手感……"

（4）"当速度达到 40 公里/小时，如果开启转向灯或者转动方向盘，就可以激活静态辅助照明功能。想象一下，当您转弯时，车灯自动开启，让您能够更加清楚地看到前方侧面区域。这能够提高您驾驶的安全性。在夜间驾驶时，这个实用的功能让您感到更加轻松和放心。"

（5）DFRCTL 六方位绕车介绍话术。

方位 1——正前方

王先生，您好。这款车就是您关注已久的 TL，如果您今天时间允许，我将详细为您介绍 TL 的性能特点，您看好吗？

让我们先来到 TL 的正前方给您做相关介绍好吗？

TL 的新平衡比例外观，融合了欧日风格，您会发现它的轴距较长，但是车头与车尾的距离较短，它依然保留了一定的优雅和豪华感，要先有一种向前冲的趋势，这不但表现出流线的美感，还会带给您稳重的安全感。

另外，若在雨中行车时，车速越快，雨刷的速度也会自动加快，充分保障行车时视野的清晰，保证全车成员的安全。

在大灯的设计上，头灯与尾灯前后呼应，各自增加了一个指向对方的斜角，这也正是 RC 新家族风格的点睛之笔。TL 使用的是国际领先的氙气大灯技术，不仅灯光可以调节，光线也更接近于日光，比普通的卤素大灯亮度增加 3 倍，寿命延长 6 倍，同时还省 50% 的电。值得一提的是，TL 还配备自动头灯光感应器，能够自动感应光线的明暗变化，当光线不足时，头灯将自动开启，包括白天进入较暗的环境，比如隧道，头灯便会自动开启，更加人性化地保证了行车安全。

我们现在看到的镀铬大型水箱格栅，采用了 RC 家族最新的风格，它的设计更加年轻、时尚、动感，同时保留了 TL 应有的商务气息。大型的进气格栅使进气与散热的效果很好，更能发挥整车的卓越性能。

王先生，您可以看到，TL 配备的铝合金轮辋具有美观和豪华的外表，与整车的风格融为一体，加上大尺寸轮胎，有效地增加了车辆的抓地性能，大大增加了车辆的安全性及乘坐的舒适性。

方位 2——侧面或副驾驶座

接下来，我向您介绍一下 TL 轿车的副驾驶座，这边请。

王先生，您可以看到，TL 的木纹内饰，木纹效果的表面给人一种豪华质感，营造出一种浓浓的典雅氛围。

TL 共配备 6 个安全气囊，前排双安全气囊在车辆发生正面碰撞时，可有效保护驾驶员与乘客的安全，在车辆发生侧面撞击时，前排侧安全气囊和窗帘式安全气囊可有效保护乘客的胸部和头部，带给您全方位的安全防护，保证您的安全。

TL 车的前后座椅都具有独特的人体工程学设计，并配有座椅加热功能，有效地减少乘客乘车时的疲劳感，增强乘坐的舒适性。

前后系自动锁紧式安全带与安全气囊是共同作用的，该系统是在各种碰撞发生时，帮助收紧安全带，固定乘客，有效保证乘客的安全。TL 的前席主动头枕，可以增强乘客的舒适感，同时在发生碰撞时，也可有效地保护乘客的头部和颈部。

这是 TL 高贵品质的又一体现，这种左右单独控制的独立空调，可以让驾驶员和乘客在乘车的过程中，根据各自不同的需要，调节车内的温度，充分体验到 TL 的人性化设计理念。

TL 所带的化妆镜和遮阳板，与车顶眼镜盒，这种细致与驾乘时更加便利的设计，表现出设计者赋予 TL 车客户的独到品位。

方位 3——车尾部

王先生，让我们来到车辆的正后方，这边请。

您看，TL 全新的尾部设计，延续前端造型的大气、时尚，使整个车身稳重、豪华。而行李箱和尾灯的设计又不失时尚与动感，带给您豪华、时尚的整体感觉。

TL 的高科技组合尾灯，采用豪华时尚的设计理念。全新的 LED 尾灯灯组，清晰、准确地提示后方车辆。

TL 独特的平衡式双消声器，源于跑车的设计理念，豪华且动感十足，这也是动力强劲的一种体现，明显降低噪音，提高行车时的安全性，进一步提高了乘车的舒适性。

TL 的行李箱经过全新革命化的设计，采用双液压行李支架，空间安排非常合理，容量更达到了 516L。让您无论是和家人去旅行，还是和朋友去运动，都可以轻松放置更多的行李，而且人性化设计的 U 形开口很低，即使较大或者较重的物品，都可以随意拿放。

TL 还人性化地拥有行李箱通道，后座的中央扶手后部与行李箱相通，这样也方便后座的乘客在乘车时拿取行李箱中的物品。

TL 的行李箱感应开启功能键，可以免去您掏钥匙的麻烦，比如在您双手腾不开空的时候，您就可以轻松开启行李箱，这样可以给您带来无可比拟的方便感。

方位 4——车后座

接下来，让我为您介绍 TL 的车后座。

您稍等，我去另一边来为您介绍。

王先生，您可以看到 TL 采用豪华沙发式的座椅，它具有按摩和座椅加热功能，不但可以消除长时间乘坐的疲劳，更让您享受居家式的优雅、舒适的感觉，展现出设计者满足乘客豪华享受的独具匠心。王先生，请您亲自感受一下座椅的舒适度。

TL 的后座头枕可调节，同时增添了第三人独立头枕，增加后排中间乘客的舒适感。在发生碰撞时，还可以有效地保护乘客的头部和颈椎，使每位乘客都能感受到 TL 带给我们的舒适与安全。

TL 精心设计的大型中央扶手，内设后置杯架，方便后排乘客放置饮料。同时，内藏的控制台，包括音响控制键、按摩功能、座椅加热开关，便于后排乘客自主操控。

TL 的后排空调出风口，增加了后排乘客的舒适性与便利性，达到了高档车的贴心设计理念。

电动的后风挡遮阳帘，可避免阳光直接照射后座的乘客，增加了乘客的舒适感。同时，加强了车内空间的私密性。

TL 还配备了儿童安全座椅，有效保护儿童的安全，使每一位 TL 客户都能感受到设计者的细致用心。

方位 5——驾驶座

王先生这边请，接下来我为您介绍一下驾驶位。

稍等，我去另一边为您介绍。

这是 TL 又一独特设计，新一代的无钥匙点火系统，极大方便了消费者，无须拿出钥匙，便可随意开启或关闭发动机。与众不同的开启方式，彰显了您高贵的品位。

TL 座椅独特的人体工学设计，增加了您乘坐的舒适性。其加热功能，即使您在严冬也能倍感温暖，提供给您更贴心的关怀。

TL 的驾驶席电动 8 向座椅调节，可以充分满足驾驶员的需要，随时保持舒适的驾驶方式，减少驾驶疲劳，增加驾驶的安全性。并且驾驶席具有两组记忆座椅，无论是有人移动您的座位，还是多人使用，可以在最短时间内恢复您最新关于舒适的位置。

TL 车的人机界面系统，集 7 英寸彩色多功能显示屏、倒车影像监视系统，让您在倒车时可以通过彩色屏幕掌握车后侧的情况，使您倒车无后顾之忧，更显 RC 对驾驶员的贴心关怀。

TL 轿车配备了 6 碟 6 喇叭音响系统，使您犹如置身于音乐厅的感受，这是顶级车具备的基本要素。

还有一项更体贴的功能，就是多功能方向盘上所配备的 ASCD 定速巡航系统，它是一种减轻驾驶员疲劳的装置。设置后可维持一定的速度行驶，免于驾驶者的脚总是搭在油门踏板上的麻烦，这样脚脖子也可以轻松多了。另外还有节省燃料，减少排放的好处。

TL 配备的车辆动态控制系统 VDC，当车辆在湿滑路面行驶时，它可以防止车辆打滑，防止轮胎抱死。VDC 能够实施牵引力和制动力的控制，可以有效地提高车辆行驶的稳定性与安全性。

TL 车的冲击感应式车门，当车速达到 25km/h 时，除驾驶席的车门之外，其他车门将自动落锁，防止车内乘客在车辆行驶时，误开门发生危险。当感应到有碰撞时，所有车门将自动解锁，保护全车乘客的安全，充满先进的全面防护理念。

防夹电动车窗与天窗有自动防夹功能，在上升过程中，若检测到有障碍物时，自动防夹功能使车窗立即下降，提供了使用的便利与安全的考量。

当车熄火时，车内的灯光延时熄灭，保证夜晚车从熄火到下车这段时间的照明，充分体现了 TL 的人性化设计。

方位 6——发动机室

王先生，让我们到发动机舱来为您做相关介绍！

王先生，您看，全新 TL 搭载的代号为 QR25DE 的 2.5L 自然吸气发动机，采用了直列四缸的设计，短冲程，大缸径，更加可靠安静。在保证了充沛动力的同时，也更加提高了燃油的经济性。最大功率达到了 137kW，最大扭矩更达到了 234N·m，0~100km 加速时间仅为 9.7s，加速异常有力。发动机还拥有大名鼎鼎的 CVTC 连续可变气门正时技术，达到了国际领先的水准。

同时，与发动机匹配的是 Xtronic7 挡 CVT 手动一体变速箱，换挡更加迅速的同时，也保证了更好的燃油经济性。

TL 悬挂设计采用的是经过重新调整的新型前后悬架，前悬挂为麦弗逊式独立悬挂，后悬挂为多连杆独立悬挂，这种经典的组合，可以有效地提高您乘坐的舒适性，充分体会到高级轿车与众不同的感受。

TL 所有制动盘的设计，都进行了加大加厚的改进，制动更加可靠安全，整车有与智能钥匙相匹配的电子防盗感应设置。因此，非法复制的钥匙不能发动汽车，能有效防止汽车被偷盗的可能。

（6）YQVWMT 七方位绕车介绍（如图 3-3 所示）。话术举例如下。

图 3-3　汽车介绍的七个方位

方位 1——左前方

从品牌荣誉、整车概括性介绍、德系造车品质三个方面来为客户介绍。

王先生，这边请。我们 VWB 级车目前的总销量超过 1500 万辆，总长度相当于绕地球 5 圈，是世界上最受欢迎的汽车品牌之一；我们 MT 以高科技、卓越的性能夺得包括 21 项国际大奖在内的 79 项著名大奖，成为德国 VW 得奖最多的 B 级车，新 MT 和上一代相比，空间更大，性能配置更高。

全新 MT 是 VWB 级车的第七代车型，吸取了大量 HT 的设计元素，代表 VWB 级车的最高水准。

全新 MT 车身和内饰按 ADC 级轿车标准设计选材，接受各种苛刻的检验测试，展现纯正德国工艺的独到品质。每一个车身零件都经过一年的高强度暴晒检验，确保长时间使用不老化。车门、前机盖及后行李箱盖全部在高温、低温和灰尘条件下进行开关极限疲劳试验，确保在各种条件下使用可靠，在正常条件下，最低使用寿命也在 30 年以上，车身采用空腔注蜡、7 层油漆工艺，并在德国进行持续 6 个月的包括高低温、盐水泥浆在内的苛刻动态腐蚀试验，确保在各种条件下使用 12 年不锈穿。

方位 2——正前方

从正面设计、AFS 前大灯、5 层前风挡和前雾灯四个方面来为客户介绍。

王先生，全新 MT 正面设计豪华大气，和新款 HT 非常相似，有小"HT"之称，第一印象非常上档次。新雾灯造型，贯通式前保险杠下格栅，使车身感觉宽阔、稳重，高品质的镀铬装饰和硬朗的前机盖线条，使人感觉很有活力，非常上档次。从设计角度来看，略有突出的前脸，带有飞翼式日间行车灯的前大灯以及亚光、亮光两种镀铬装饰前进气格栅的完美搭配，高档精致，VWLogo 更加突出、强化了品牌感染力。

先进的 AFS 智能前大灯，阴雨天或高速行驶时可以自动开启，随转向而动，确实很高档。

全新 MT 前风挡采用 5 层静音结构，驾驶时非常安静，在 P 挡位点火后，如果不看转速表，甚至感觉不到发动机已经启动。

新雾灯造型，具有转向补光功能，随转向而动，非常上档次。

方位 3——右前方

从侧面设计，5 层前车窗、加厚后车窗及三角窗，后视镜，后排玻璃，底盘技术，NCAP 五星安全认证六个方面来为客户介绍。

王先生，全新 MT 侧面设计流畅典雅，将轮廓线、镀铬饰条、强健的车身线条处理得非常和谐，没有市场上 B 级轿车后排空间的压迫感和外观的笨拙感；车身轮廓保持 VWB 级车经典的造型元素，流畅自然，车身比例协调，长轴距丝毫没有影响后排头部空间；细节设计更加到位，精致的底边镀铬装饰条，不但高档，而且使车身侧面感觉更加圆润而不单薄，表面的层次感逐渐加强，动感自然流露。

全新 MT 车窗非常高档，5 层静音前车窗、加厚的后门玻璃及后三角窗玻璃，都是 C 级轿车专用配置，第一次应用在 B 级轿车上，车内非常安静。

低风阻后视镜集成转向灯，外观漂亮，停车后可以遥控折叠，防止意外刮碰，减少了不必要的麻烦。

旗舰型全新 MT 的后窗采用欧洲高端车专用的隐私玻璃，感觉很体面。

全新 MT 底盘悬架经过全新调教全面提高了舒适性，和车身采用柔性连接降低了噪音和地面的冲击，乘坐非常舒适，运动性能更好；悬架采用新开发的减震器和最新开发的橡胶材料和车身柔性连接，降低了噪音和地面的冲击；运动性能表现在"4 稳 2 不 2 小"，即高速稳，不跑偏；刹车稳，不点头；弯道稳，侧倾小；坏路稳，晃动小。

全新 MT 达到欧洲 N-CAP5 星级安全标准，和上一代相比，车身强度更高，增加了后排侧气囊，全车气囊达到 8 个，有效降低了事故带来的损害。

方位 4——正后方

从尾部设计、行李箱、倒车影像三个方面来为客户介绍。

王先生，这边请，接下来我为您介绍一下正后方。

全新 MT 尾部设计高档稳重，镀铬装饰后备箱和保险杠、全 LED 尾灯组取自 HT 的设计元素，使人很自然产生亲切感，非常高档；从设计角度来看，尾部的设计非常成功，将正面的豪华大气、侧面的流畅典雅的视觉印象发展成尊贵高档的心理感受；尾灯造型设计、硬朗的后保险杠线条、后备箱的平行线条和底边镀铬装饰条搭配，突出了 VWLogo，强化了品牌感染力，尾部整体感觉稳重而不笨重；全 LED 尾灯组散发 M 形灯光，新颖大气，非常气派。

全新 MT 的后备箱容积达到 565 升，可遥控开启，使用非常方便。

后视影像系统摄像头布置在后备箱的 Logo 内，用时翻出，非常高档，直观反映倒车时车后方的实际状态，并根据方向盘角度变化对车辆可能进入的位置提前进行预判，提供两种模式供用户选择，并可与模拟倒车（OPS）快速切换，在最大程度上解除用户倒车时的"后顾之忧"。

方位 5——车内后排

从乘坐空间、后排座椅、车子影音系统、后排安全气囊、高强度车身构造、被动安全装备六个方面来为客户介绍。

王先生这边请，接下来我为您介绍一下车后座。

和上一代相比，在不影响后排头部空间的基础上，内部空间增加了 100 毫米，而且增加副驾驶老板按键，后排乘客可随时按需调节，享用更大空间，感觉相当舒服；全新 MT 并不是简单加大轴距，而是全方位考虑乘坐空间舒适性，前后排乘客头部没有任何压迫感。

后排的乘坐感觉可以说是同级车中最舒服的，后排座椅具有加热功能，4∶6 可分，中扶手装有 DVD 操作装置，坐垫加长设计，220V 电源，就设在后排出风口，触手可及，还可通过副驾驶座老板开关，按需调节空间。

全新 MT 的车载影院采用液晶触摸屏，并可遥控，看碟、看电视、听音乐都可以，并且左右可以分别看不同的节目，特别方便。

全新 MT 达到了欧洲 N-CAP5 星级安全标准，和上一代相比，加强了对后排人员的保护，车身强度更高，增加了后排侧气囊，全车气囊达到 8 个，让人乘坐更放心，有效降低了事故带来的损害。

全新 MT 采用 43 米激光焊接技术，热成型钢板占车身总重的 16%，高强度钢板占车身总重由上一代的 74% 提高到 81%，车身强度更高、更安全。

方位 6——驾驶座

从内部设计、静音设计、导航、收音机、丹拿音响、主/副驾驶座椅、储物空间、Auto Hold、EPB、EPS、ACC、智能泊车、智能钥匙、主动安全装备、ESP 等方面来为客户介绍。

王先生这边请，接下来我为您介绍一下驾驶位。

全新 MT 内部看起来高档精致，用料讲究，典型的德国味，功能上可以满足每一名乘员的细微需求，非常好；高档车专用的内室氛围灯和门槛压条带有点亮的 "Magotan" 字样的迎宾踏板，夜晚使用非常有情调；采用新一代彩色多功能仪表显示屏，外观时尚功能强大；HT 相同的石英钟，采用指针指示时间，流露出略有复古情结的高档氛围；高尔夫球造型的换挡手柄，高档时尚，手感更好；EPB 按键，一键式启动按键布置在换挡杆两侧，使用方便；设有 220V 电源，可长时间使用笔记本电脑等电子产品或其他娱乐设备，旅途中休闲和工作两不误；仪表板采用 VW 最新软质发泡填充物系统，手感好，安全；桃木横向装饰条，纵向全真铝装饰盖板，高档美观，杂物盒、手套箱内部植绒，使用舒适，不损伤物品，手套箱带开启阻尼及照明功能，使用特舒适；方向盘环保工艺，既能防止化妆品的腐蚀，又不散发异味。

全新 MT 驾驶时非常安静，点火后在 P 挡位，如果不看转速表，甚至感觉不到发动机已经启动；全新 MT 采用 10 项噪音控制技术，对噪音的控制达到 HT 等 C 级车的水平，驾驶时车内非常安静；全新 MT 的静音工程考虑非常到位，不光针对发动机、行驶时的路噪和风噪进行防护，就连行驶时车内物品晃动可能产生的噪音也加以预防，手套箱及杂物斗内部采用植绒面料，非常高档；车窗材料非常高档，5 层静音前车窗及加厚的后门玻璃及后三角窗玻璃都是 C 级轿车专用配置，第一次应用在 B 级轿车上。

RNS510 导航融合最新的导航技术和多媒体娱乐功能，显示清晰，操作简单，可在多功能仪表显示导航信息，还可外接多媒体，并可显示音响、空调、座椅加热、倒车影像，既方便又高档；6.5 寸高分辨率的液晶彩色显示屏，驾驶员可以自由选择二维视图、地形视图以及三维鸟瞰。智能分屏显示功能则可以把整个屏幕分成地图视图区和辅助说明信息区两个区域；30G 硬盘可让客户随意存储喜爱的音乐，具有 SD 插口、Media-Box 多媒体接口（USB/Aux-in/iPod），让客户可同时播放 CD（包括 MP3 及 WMA 格式数据）和 DVD，轻松连接移动硬盘、iPod，享受喜爱的音乐。

RCD510 收音机，六碟 CD，客户可把喜爱的音乐碟片一次性放入，自由选择欣赏，还可外接多媒体，在接听手机时自动静音，报警提示时自动降低音量，并可显示音响、空调、座椅加热，倒车影像，既方便又高档；6.5 英寸宽液晶彩色显示屏，同时播放音乐 CD、MP3、WMA，高灵敏度窗式天线随车速音量自动调节；USB 接口、Aux-in 接口让客户轻松连接移动硬盘等设备，方便顾客享受自己喜爱的音乐。

全新 MT 的丹拿音响系统是世界顶级音响品牌，曾获得红点大奖，为车内乘员带来音乐厅般的音响效果；丹麦的丹拿音响（Dynaudio）首创 10 单元的设计概念，以电子分音方式由 10 通道功放独立推动，总输出超过 600 瓦，是世界上公认的最好汽车音响系统，代表着高端音效技术的最高标准；前门的 2 只 8 寸单元与后门的 2 只 6.5 寸单元提供了深沉的低频效果，另外 2 只 52mm 凸盆中音营造宽广饱满的中频效果；2 只 28mm 与 2 只 20mm 高音分置前后，这些单元全部以电子分音方式由 10 通道功放独立推动，低音使用 110 瓦功放，中音用 40 瓦，而高音用 25 瓦，总输出超过 600 瓦。

全新 MT 的座椅是真正的人体工程学座椅，满足驾驶者运动、舒适和安全的三重要求，使用方便，非常上档次；材质高档，打孔皮精选国外进口的小牛皮，采用先进无铬鞣制工艺，手感好，并做防尘处理，特别高档；意大利进口翻毛皮，采用超细纤维合成，是高级商务轿车专有配备；双硬度座椅设计，坐垫和靠背中间较软，两翼较硬，乘坐舒服，包裹性也好；带记忆和加热功能，电动调节，调整位置轻松方便；副驾驶座带有老板开关，方便车内乘员按需调节空间。

多达 29 处储物空间设计，方便车内乘员随意存取物品，对使用需求考虑很到位。

关好车门、系好安全带，启动发动机后，轻踩油门，EPB 就会自动解除刹车，平稳起步。这时再轻按一下 Auto Hold 键或提前在行车电脑上设定 Auto Hold，不管遇到红灯、堵车还是坡路，只要踩刹车使车停稳，Auto Hold 就会自动牢牢锁住四个车轮，若继续行驶，只要轻踩油门，Auto Hold 就会自动解除刹车，车辆继续前进，当到达目的地后，只要松开安全带或是打开车门，或者将发动机熄火，EPB 就会自动把后轮刹住，使车可靠停住；Auto Hold 还可通过行车电脑预先设定，使用时更加方便。遇到紧急情况，即使在 100 公里时速，按住 EPB 也可轻松将车停住；EPS 电动随速助力转向，低速轻便，高速稳定，主动归位，转向精准，可靠性高。

ACC 自适应巡航系统，保持设置的车速的同时，根据雷达探测信息及实际车速和预设的车距，自动调整车速，保持和前车的安全距离，如果和前面车辆有追尾危险，自动向驾驶员发出声光报警信号，提醒驾驶员主动介入，同时自动降低车速。

Park Assist 智能泊车辅助系统，使复杂的平行停车 15 秒即可轻松搞定。

外观精致，具有记忆功能，还可遥控折叠后视镜开启后备箱，非常高档。

包括最高版本的 ESP 在内的主动安全装备多达 51 项，对使用过程中方方面面的安全隐患加以提前预防，被动安全装备 28 项，达到欧洲 N-CAP5 星级安全标准；对天气、路况和车况等客观因素及驾驶者自身主观因素全面考虑，安全区防护非常细致，例如，仅刹车就有四种方式提供帮助 Park Assist 平行倒车，OPS 功能 4 种，即使踩油门的同时，踩刹车（或 EPB）也能将车刹住；装备档次高，像刹车盘除水等高端安全装备对全新 MT 来说都是基本装备。

全新 MT 采用全新 ESP TRW 450 M，对驾驶过程中各种可能出现的问题及时做预防；ABS 制动防抱死系统，刹车时防止车轮抱死而引起转向失灵或甩尾，降低轮胎磨损；EBV（EBD）电子制动力分配，刹车时，先于 ABS 提前介入，保证后轮不先抱死，防止甩尾；HVV 后轴制动力加强，快速提高后轮刹车力，缩短制动距离；EDS 电子差速锁，提高坡路启车能力，尤其是在雨雪天，降低轮胎磨损；ASR 驱动防滑调节，在启车或行驶时，防止驱动轮打滑出现危险（如冲出弯道，溜车），减小轮胎磨损；MSR 发动机牵引力调节，在驾驶过程中突然松开油门踏板或者带档制动时，防止驱动轮有抱死；ESBS 扩展制动稳定系统，弯道制动时避免过度转向，提高车辆的弯道制动稳定性；ESP 电子稳定程序，车辆行驶时，避免转向不足或过度，防止车辆突然经过湿滑路面发生侧滑或甩尾；DSR 动态转向弥补，当车辆行驶时发生轻微侧滑，ESP 通过转向自动修正，保证行驶稳定性和舒适性；LDE 初级动态调整，刹车时防止车辆跑偏；HBA 液压制动辅助，紧急制动时，ESP 将紧急提供制动助力，缩短刹车距离；BSW 制动盘水膜清除，雨雪天刹车时系统自动间断性地清除制动盘面上的水膜，保证制动的可靠性；Overboost 热衰退液压辅助，当制动摩擦片发生热衰退，制动效能下降时，系统自动调节制动压力，保证正常的制动效能和良好的踏板感觉。

方位 7——发动机室

从黄金动力组合、发动机舱隔音设计、第四代在线防盗系统等方面来为客户介绍。

全新 MT 全系采用全新调教的 TSI+DSG 黄金动力组合，和上一代相比动力更强，油耗更低，排放提高到欧 4 标准；2.0TSI+6-DSG 的百公里加速时间由上一代的 8.3 秒降为 8.0 秒，加速更猛，更有驾驶乐趣，排放更低；1.8TSI+7-DSG 的百公里加速时间由上一代的 9.5 秒降为 8.9 秒，加速更猛，更有驾驶乐趣，排放更低；1.8TSI+7-DSG 在常用转速范围内的动力输出比雅阁 Camry2.4 发动机高 14%，排放更低。

加强的发动机舱隔音垫，相对于 B6，前风挡下横梁隔音垫，装配板隔音垫及前围板隔音垫密度大幅提高，并采用泡沫加 PUR 材料，有效隔断发动机传给乘客舱的噪声。

市场上 B 级车普遍采用的滚动密码防盗系统和全新 MT 采用的第四代在线防盗系统相比有一代的差距。

3.1.2.2　FFB 方法

介绍产品亮点使用 FFB 方法。Feature（配置）——特定的产品装备或配置；Function（功能）——产品装备的功能；Benefit（利益）——装备的功能给顾客带来的利益和价值。

使用 FFB 方法时，尽可能了解顾客的工作或生活背景，以顾客的语言或熟悉的情境突出产品因满足顾客需要而带来的利益，赢得顾客认同。最后，趁热打铁，巧妙地强调产品的独特优势，并根据产品优势设定购买标准。

[话术举例]

（1）遥控钥匙使用上的介绍。遥控钥匙有以下几项使用功能：

F（配置）：[拿出遥控钥匙]"王先生，××的遥控钥匙具备遥控开启、关闭车窗的功能。[按住解锁或是上锁键]"

F（功能）："这个配置是基于 CAN-BUS 总线功能实现的。只要您在距离车辆 15 米左右的距离长按开锁或者关锁键 3 秒钟以上，××的四窗及天窗都可以根据您的操作遥控开启或者关闭。[始终进行与讲解同步的操作]"

B（利益）："这种配置在炎热的夏天特别实用。不知道您是否有这样的经验？炎炎夏日，烈日当空，如果要进入户外停车场的车辆内，车子因为曝晒过久，这时车内温度可能高达 50 摄氏度以上。如果直接进入车内，那种闷热的感觉一定会让您觉得不适。如果您在走进车辆前，就通过遥控器将车窗打开提前通风换气，当您再进入车内时，就会很轻松惬意了，您说是吧？"

"这就是全新 MT 的智能钥匙，您无须用它来开启车辆。您只需要将它放到书包当中或者衣兜内，就可以轻松实现车门的开启了。我们走到车辆的感应区域内，轻松地开启车门。"

"无须取出钥匙，只要轻触引擎按钮就可以发动车辆。同样无须取出钥匙就可以完成熄火的过程。"

"锁车也是同样的简单，只需要轻轻地触碰锁车区域一次，车辆就已经完成了防盗落锁。此时 LED 灯正在闪烁，表明车辆已经完成了落锁。"

"无论从车外还是从车内，都无法将车辆打开。但如果车内有其他人员的时候，我们应该采用什么样的锁车方式呢？再来尝试一下，轻碰锁车感应钮两次，从车外仍然无法将车门打开，安全防盗强。再从车内试一下，非常轻松就可以把车门打开，如果车内留有其他乘客，一定要用这样的方式来锁车，以确保车内乘客的安全。"

"单独出行的时候，无须取出钥匙，即可以打开驾驶员一侧的车门。而此时后方以及其他两侧的车门仍然处于关闭的状态。有同伴一同出行时，仅需要轻按解锁键两次，四个车门会同时开启，以方便同行人员一同上车。"

"若解锁 30 秒后未打开过车门或者行李箱，系统将会自动重新闭锁。当中控锁时，可以启用全新 MT 的备用钥匙。首先用它撬开驾驶员门一侧的保护盖，将钥匙插入到锁眼当中，顺时针方向旋转闭锁，逆时针开锁。后门也可以采用同样的方式，后门的侧面有一个锁型浮雕的保护盖，将其打开，插入备用钥匙。这时后门就已经打开了。"

（2）ACC 自适应巡航系统使用上的介绍。ACC 自适应巡航系统有以下几项使用功能：

F（配置）：［请顾客上车］"这就是 ACC 自适应定速巡航，您的全新 MT 可以装配。［指向自适应定速巡航按钮］正如仪表盘中 LED 灯所指示，自适应定速巡航始终处于备用模式。这个配置在 30~150 公里/小时运行［指向 LED］。"

F（功能）："ACC 系统易于设置您个人的速度限制。定速巡航控制杆在方向盘的左侧，一个手指就可以操作它来设定某个速度。您也可以用手改变速度。向上推控制杆，可以提高速度限制；向下推控制杆，可以降低速度限制。如果您想要关闭这个功能，把控制杆向前推一下，就可以取消这个功能。［始终进行与讲解同步的操作］。"

B（利益）："这个安全系统使您能够保持恒定速度，对您长途驾驶更为有利，有助于您更加安全和轻松抵达目的地。同时我们的 ACC 还具有预碰撞功能，当前方车辆的速度低于您的巡航速度时，您的车辆会第一时间减速，同时会发出声、光、方向盘抖动提示功能，及时告知驾乘人员前方道路状况。"

（3）车窗后视镜使用上的介绍。车窗后视镜的使用功能为：

"全新 MT 具有五窗防夹功能。"

"全新 MT 车内后视镜有防炫目功能，当车辆的后方有强光射入时，它将会自动变暗，防止驾驶员炫目。将后视镜调整功能键放置在 R 挡的位置，挂倒挡，右后视镜将会自动的倾俯，使您能够看清右后轮附近的路况。"

"MT 后视镜具有电动折叠功能。"

（4）灯光使用上的介绍。灯光的使用方法如下：

"全新 MT 的大灯有'自知自明'，模拟一下车辆驶入隧道的情景，它将会自动的开启。驶出隧道，它又会自动熄灭。"

"MT 还有一双多情双眸，它正在上下打量，左顾右盼。"

"全新 MT 开启车门时，车内灯光将会自动亮起，闭锁车门，车灯又会自动熄灭。MT 的大灯还有回家照路的功能，在漆黑的夜里为我们照亮回家的道路。夜间出行时内外车灯同时亮起，迎接您上车。在夜间开启转向灯，它的前后停车警示灯将会自动亮起，提醒来往的车辆与行人。当要转向或超车并线时，轻按转向灯一次，相应一侧的转向灯会连续闪烁三次。转弯时开启转向灯，转向辅光灯会亮起，消除视野盲区。当车灯处于双闪状态时，开启转向灯就会自动转入到转向模式。"

"MT 的第三刹车灯位于后挡风玻璃的顶端，刹车时让更多的车辆看到。在
60 公里以上车速行驶中，实施紧急制动时双闪灯会自动点亮。全新 MT 备有照地
灯，以免您在下车时踩到雨水中。"

"开门警示灯和脚部氛围灯，都能让您感受到高级轿车的安全、舒适、温馨。"

"当有车灯发生故障时，行车电脑上会出现图文提示，大灯具有自动清洗的
功能。"

（5）雨刷器使用上的介绍。雨刷器的使用功能如下：

"全新 MT 的自动随速雨刮器，在雨天将会自动开启。车速加快或者雨量加
大时，它的刮刷频次也会加快。"

"雨刷器带有雪阻保护功能，遇到冰雪阻力时它会尝试六次，如果仍然不能
突破阻力就会放弃。"

"雨刷器工作时如果打开机箱盖，它就会停止，确保安全。熄火、断电、向
下按一下雨刷器手柄，雨刷器就会自动移动到维修位置。在遇到冰雪交加的天气
时，为了防止雨刷器冻在前挡风玻璃上，您可以将雨刷器立起。"

（6）空调使用上的介绍。空调的使用方法如下：

"全新 MT 空调的信息模式和状态会出现在 6.5 寸彩色液晶屏幕上。与传统轿
车相比，全新 MT 增加了自动内外循环模式，当车外空气污浊时会自动切回至内
循环模式。"

"分区空调可以使左右两侧席位的乘员各取所需，调节温度。全新 MT 空调
共有 28 个出风口，仪表盘端部有 4 个，顶部有 6 个，左右 A 柱各有 1 个，手套
箱里有 1 个，驾驶员的腿部有 5 个，副驾驶的腿部有 4 个，后排左右乘员脚部各
有 2 个，后排膝盖处有 2 个。"

"这是阳光照度传感器，阳光射入到驾驶舱时，空调系统会在设定温度上自
动降低 1~2℃，使车内乘员感受更加舒适。"

(7) 电子驻车的介绍。电子驻车功能如下：

"全新 MT 摒弃了手刹，实现驻车和起步的电子化、自动化。启动发动机后系好安全带，挂好挡，轻踩油门。EPB 电子驻车便自动解除，车辆顺利起步，停车后无论发动机是否熄火，只要 Auto Hold 自动定车功能是激活的，解开安全带，EPB 电子驻车便自动激活。所以 EPB 电子驻车的激活和待机状态间的转换完全可以自动完成，不会因疏忽造成溜车，大大增加了车辆的安全性。"

"Auto Hold 自动定车功能是默认激活的，对于较拥堵的社区，尤其是在上下坡路段堵车时，优势明显。自动定车的特点：自动激活、不怕堵车、给油就走、点刹即停。坡起自如、双脚放松、起步简便、停车自动。"

(8) 驾驶辅助系统的介绍。驾驶辅助系统的功能如下：

"全新 MT 的尾标也是尾箱开关，扳动它即可开启行李箱。但是却不会漏出隐藏在其中的摄像头。此时如果挂倒挡，尾标将会自动翘起露出摄像头，来拍摄尾部的路况。图像经电脑调校后将会传输到行车电脑的屏幕上，挂倒挡时功能自动开启，屏幕显示红色、绿色静态线和黄色动态辅助线。屏幕按钮可切换至垂直，平行倒车或模拟驻车模式，可通过 RVC 键进行切换。图像中的红线是禁区，不能有障碍物，绿线展现车尾延伸区域，黄线随方向盘动态变化，展现将要驶入的区域，并对倒车轨迹提前做出预判。"

"倒车影像在倒车时给司机提供支持，司机可以通过屏幕看到车后的图像和路面情况。"

"全新 MT 的平行泊车功能非常实用，只需要 5.7 米长的空位，它就能自动识别出来，您能在无人协助的情况下顺利泊入车位。"

"全新 MT 的自动驶出功能更是令人叫绝，当车被前后的车堵住，留有很小的距离，在无人协助的情况下驶出车位有难度时，打开转向灯，按一下自动泊车开关，您可以在行车电脑的提示下松开方向盘，通过几次揉库动作，前后合计有 0.5 米的空间就能够自动驶出。"

"全新 MT 的垂直泊车功能是独门绝技，只要车位宽度大于两米，它就可以识别到，您可以在行车电脑的提示下松开方向盘，挂入倒挡，用脚踩着刹车踏板，顺利泊入车位。"

"全新 MT 的可视驻车系统将 8 个前后驻车雷达探头获取的车前 1.2 米，车后 1.6 米，车侧 0.6 米范围内的障碍物信息由远及近模拟成彩色图像。黄色为 0.3 米外，红色为 0.3 米内。在挂倒挡时自动启动，在倒车时预警后方，前行时预警前方，不同频率间隔的提示音提示着司机障碍物的距离。前行和倒车的提示音也不同，以便司机识别。倒车完成后系统可通过显示屏上返回按钮关闭，向前行驶车速到达 15 公里/小时时也会自动关闭。"

(9) 后备箱。后备箱可自动弹开：

"经常会有这样的情景，当我们双手拿着东西时，全新 MT 可以用脚来开启后备箱。如果我们将钥匙遗忘在了后备箱里，合上后备箱，看看全新 MT 有什么反应，后备箱盖将会自动弹开，同时行车电脑上也会有相应的提示。"

(10) 语音识别系统。语音识别系统为驾驶车辆提供了便利：

"这就是 TL 的语音识别系统，它具有一键式操作、语音控制音响、导航、免提以及油耗和保养信息显示的功能，属于同级别车绝无仅有的、操作非常简便的配置，显得车辆有档次，在开车过程中，在朋友面前使用语音控制功能，别提多有面子了！"（给客户演示语音控制打电话、设定目的地导航、控制音响、显示油耗和保养信息动作）

(11) 蓝牙免提系统。蓝牙免提系统为驾驶过程中的通信提供了方便：

"这车配备蓝牙免提系统，自动实现免提接听、免提拨号、快捷拨号、通话保留等功能，让您开车时无须拿起手机便可接听或者拨打电话，您在开车时也能够随时保持与朋友之间的联络，这可是大多数车主非常期待的事情哦，要不我帮您演示一下？"（给客户演示打开点火开关后的蓝牙自动连接功能）

(12) 电子助力转向。电子助力转向可以减轻转向的力量使用：

"您看，我们的 JY 配备了先进的 REPS 电子助力转向系统。"

"不仅节省了燃油消耗，关键是日常使用非常轻松、便捷。"

"一般车开的时候会不会感觉方向盘比较重？特别是在停车场低速变向的时候，感觉很费劲吧？我同事用的就是老普桑。他住天河，据他所说，他们小区的停车场通道非常窄，正常出来要倒5次手，一不小心还会刮到别人的车。加上方向盘重，每次出来都出汗。有了这个REPS，您就不用担心这样的情况出现了。所以现在很多人买车都要买带REPS的车，你可以现在打一下方向盘试试！"

(13) 氙气大灯。氙气大灯的使用功能如下：

"×先生，您看我们的JY配备了HID高亮氙气大灯。相比其他车型，我们的氙气大灯不仅具有自动隧道侦测、随动转向，同时还有智能的随速增距功能，它可以根据车速及时调整灯光照射距离，便于您在高速时及早发现前方道路的危险。"

"您看这不就和咱们公务员一样，一双明辨是非、洞察秋毫的眼睛是非常重要的。况且这些功能可只有在奔驰、宝马等一些高级轿车上才有。"

"您看，咱们的JY还配备了氙气大灯带水平调整功能。相比新Passat的氙气大灯来说，咱们的JY还带有水平调整功能，这样在您走高速的时候，灯光会自动上扬，可以照得更远，而且在过弯道的时候，灯光也会随动转向，确保您的视野安全。"

"您平常晚上一定应酬较多，有这样一部好车配上这锐利的双眼，一定能为您在走夜路时保驾护航。"

(14) 座椅真皮材质。真皮座椅提高了舒适度：

"您看我们JY座椅面料，采用的可是真正的纯牛皮，您摸一下很舒服、手感很好吧？相比新Passat1.8T用的合成材料，我们的纯牛皮材质不仅可以有效散热排湿，而且天然材质气味更小，有效避免了合成材料中有毒化学物质的残留。"

"特别像您经常带老人小孩出去玩。坐在这样的座椅上，不仅更加舒适，同时家人的健康也得到了保障。"

"像您这样需要经常去外地出差跑工程，一个豪华、宽大舒适的真皮座椅对您来说肯定是必不可少的。"

"您看 JY 的真皮座椅宽大而舒适，在同级别车型中，座椅长度最长，厚度也是非常的充足，同时驾驶座的腿部支撑可保证长时间驾乘更加舒适。"

"您想当您外出旅行，或朋友乘坐您车时，坐在一款这样的座椅上，长途乘坐的疲劳感可以得到明显的舒缓，旅途的质量也会有非常大的提高。您来感受一下座椅的包裹感和对身体的支撑度。"

(15) 一次冲压成型车门。一次冲压成型车门提高了安全性：

"×先生，您来摸一下我们的一体冲压成型车门。相对于 TL 等其他日系车型而言，我们的车门上没有任何的焊疤、焊缝，安全性能上出色很多。"

"特别是像您这样从事建材方面的专家肯定知道，一体成型的建材价格更贵，抗压、抗变形的性能也更出色。所以，我们的车门在车辆遇到危险情况的时候，可以更好地保护车内乘员的安全。"

(16) 双曲棱腰身特征线。双曲棱腰身更显美观、豪华：

"您看我们 JY 具有经典的直瀑式镀铬格栅和双曲棱腰身特征线。"

"相比于新 Passat 的中庸设计，JY 外观造型是不是更加大气豪华，又具有灵动感。对于像您这样成功的人来说尤其适合。"

"直瀑式镀铬格栅像不像飞流直下三千尺的瀑布，车侧的双曲棱腰身特征线设计像不像波浪！瀑布、波浪是不是都代表'水'，JY 外观诸多设计都来源于'水'，因为'水'在风水学里象征着'财'，水能生财。试想您经常跑项目，开着我们这样一台满身财气的 JY，是不是可以助您财源广进呢！"

(17) 喇叭音响。音响系统有亲临现场的音乐感受。

"您来听一下我们的 JY2.4 旗舰版配有声道的音响。"

"相比 Camry 而言，我们的音响系统做到了高音亮、中音稳、低音沉，能更好地还原音乐效果，可以让您随时都有亲临现场的音乐感受。"

"尤其对于您这种从事音乐工作的人，车上配了这么一台出色的音响系统，绝对可以体现出您出色的音乐造诣。"

(18) 氛围灯。氛围灯有解除疲惫的功效：

"×先生，您看这就是我们 JY 配备的点面结合的 ICE BLUE 冰蓝氛围灯。"

"蓝色像大海、天空，给人一种宁静、舒适的感觉，从心理学上来说蓝色可以很好地缓解疲惫和压力。"

"您看，这是我们的 iPad，它可以为您展现出夜幕下新 JY 的那种宁静、舒适的驾乘氛围，当您坐进车内时，当您被那片冰蓝色的'海洋'包围时，是不是感觉整个人都很放松呢？而且当您的生意伙伴也坐在您的车里时，这种特别的蓝色灯光肯定也会为您赢得不少赞美。"

(19) 胎宽。胎宽大可以提升安全性：

"您看我们的 JY 具有 245/45R 18 96V 普利司通的轮胎。"

"您先用脚轻踢轮胎是不是感觉很有弹性，再看看我们 iPad 上和新 TL 的轮胎对比照片是不是明显比他们大很多，轮胎越大，抓地性能越好，而弹性越好的轮胎性能也越好。"

"大尺寸轮胎就像一双很好的鞋子，能给您带来更好的舒适性和提升车辆的安全性，同时也体现了您注重细节，有责任感。"

(20) 远程遥控启动。远程遥控系统提高了便利度：

"我们 JY 的钥匙除了无钥匙进入功能外，还具有远程遥控启动功能。"

"只要您距离车 60 米以内，就可以通过手中的钥匙，在车外启动您的发动机，同时可以启动车内的空调系统。"

"夏天当您在咖啡厅和客户谈完生意准备出发的时候，直接按一下钥匙，车内的空调就自动打开，当您和客户进入车内的时候，车内已经降到非常舒适的温度了，您是不是觉得特别有面子？"

（21）静音技术。静音技术高、隔音效果好：

"×总，我们新 JY 在静音方面采用了图书馆级静音科技，在隔音、降噪、吸噪方面采用了 360 度全方位的静音技术。静音材料达到了 12 公斤，比 B 级车 6 公斤的标准高出了整整一倍。前挡风玻璃 5.6mm 厚，还采用了 25mm 厚的玻璃纤维隔音材料。"

"相比 Passat 来说在市区和高速行驶过程中静音效果更好，您可以更好地享受图书馆级的静音科技。"

"特别像您这样经常接待重要领导和客户，可以满足您对静音性比较高的要求。您可以看一下我们车门的密封条，摸一下仪表台的软性材料，用指甲触一下玻璃夹层间的静音材料，可以真实感受到我们在静音方面下的功夫。一会您在试乘试驾时可重点听一听、比一比。"

（22）内嵌一体式双排气管。双排气管既豪华又有保护和防热烫功能：

"×先生，您有没有发现高级轿车在外观设计上有许多豪华元素，代表车子的一种等级。"

"您看新 JY 的车尾，豪华的双排气尾管设计，与整体设计交相呼应，同时也起到保护和防热烫功能。您可以摸一下这边细致的装饰口，相比您看的新 Passat 的排气管，使用单边设计，不仅影响美观，整车看起来也不够大气，不能更好地展现豪华、高档的特征。"

"这样的设计在宝马 7 系、奔驰等豪华车的顶配上才有采用，有了它的点缀，更显新 JY 的豪华大气，符合您的商务用车的需求。"

（23）双区自动恒温空调。双区自动恒温空调可以各取所需：

"新 JY2.4 旗舰版配备了智能双区恒温空调。请您看一下我们 JY 全系配备双区独立恒温空调系统。"

"相比新 Camry2.5 旗舰版空调系统，新 JY 采用双区单独控制，像您平时开车时，男士和女士要求的温度不一样，男士喜欢凉快一些，女士又怕冷，容易引起分歧，有了这个配置，以后就各调节各的，互不影响，都很舒适。"

"×先生，我现在给您试一下，主驾驶调到最高温，副驾驶调到最低温，您感受一下，是不是作用很明显，想想看将来家里有了小宝贝，还能舍得让他吹冷风吗？这样您也不用自己忍着热不敢开空调了！"

（24）电子驻车系统。电子驻车系统使驾驶更加方便：

"您摸一下这里，我们这个是 JY 全系标配电子手刹。"

"相比 RCTL 的踏板式驻车制动器，我们的车型更加彰显科技，而且更方便驾驶，更安全。"

"特别像您这样经常用车，在上下班时间，红绿灯是必不可免的，而且对于女性来说，拉手刹时的力气不如男性轻便，所以驾驶配备电子手刹的车型不仅彰显豪华科技，同时使用车更加简单方便。"

3.1.2.3 4S 方法

"4S"介绍法是通过 Standard setting（标准设定）、Standard contrast（标准烘托）、Standard benefit（标准利益）、Strong point experience & explanation（利益体验与解释）来展现我们产品的优势卖点，目的是能针对自身产品的强点所在，给客户设定一定的认知标准，从而最终让客户对产品信服。

销售顾问在产品介绍过程中往往会发现在与竞争品牌进行优势对比中，产品的科技含量、技术优势趋于同质化，如何让自己的产品在同类产品中脱颖而出？这就需要销售顾问对客户比较关心的配置作深入介绍，引导客户认可并接受自己的产品。在产品介绍流程中，对自身产品的强点或客户比较关注的方面，可使用此方法，起到以点带面的效应，让客户对产品有浓厚兴趣，同时为其选车做出标准的提升。

[话术举例]

（1）通过介绍让客户认识到其实轮毂的大小也决定着车的大小。

S：×先生，您知道吗，越是豪华轿车配备的轮毂就越大，所以大尺寸的轮毂也就成为了衡量一款车是否定位成豪华轿车的标准之一。

（**Standard setting** 标准设定）

C：是的，但是现在汽车中好像都不是很大，印象中只有 16 寸左右。

S：是的，但是我们就配备了 18 寸的大尺寸轮毂，体现出了它的大气豪华。

C：看来，大尺寸轮毂已成为豪华车的特征。

S：像宝马、奔驰等高档车都会配备大尺寸的轮毂，我们 JY 也不例外，和宝马 7 系是同一个尺寸呢！

（**Standard contrast** 标准烘托）

C：是吗？奔驰、宝马可是高档车呀。

S：您可以从侧面来看一下大尺寸轮毂与车身线条的完美融合。

（**Standard benefit** 标准利益）

C：是的，轮毂确实能够让人感到大气、豪华。

S：大尺寸轮毂在带来强烈视觉冲击的同时，能够配合使用宽胎，宽胎对于抓地性和行车稳定性都有帮助。您看，要不我们去试乘试驾一下，您将能体会到在紧急制动后的刹车距离带给您的安全感受。

（**Strong point experience & explanation** 利益体验与解释）

（2）让客户对比较关注的方面有所深入了解，使客户产生兴趣，引导客户接受产品。

S：刚才听您朋友说最近公司发展很不错啊，受到了区领导的重视。

C：呵呵。

S：公司发展这么好，也要有辆好车才行啊。

C：是啊。上次开我的老 Passat 感觉接待不周，开车时领导说话得竖着耳朵听，呵呵。

S：所以一辆好的公司用车尤其是在接待重要客人或领导时，首先就要强调车的静音性，特别是在车辆行驶时的静音效果。

（**Standard setting** 标准设定）

C：对。

S：我想您对高档车肯定有所了解和研究，像奔驰、雷克萨斯等这些豪华车都在不断提高自身的静音水平，以达到车的动力操控性和静音的完美结合。因此，静音工程是各大豪华车辆不可忽视的重要方面。

（Standard contrast 标准烘托）

C：确实如此。

S：只有整体的静音工程才能营造出豪华，还有我们的住房和办公室，越豪华高档越是隔音效果好，静才是低调的奢华，在车内不论是静静地听音乐还是谈工作，都是享受。

（Standard benefit 标准利益）

C：嗯，是这样的。

S：您刚才在试乘试驾时也亲自体会了我们产品的静音效果，是不是很不错？

C：对，还不错。

S：我们产品拥有图书馆级的静音科技，静音工程在主动降噪和被动降噪方面都有杰出的表现。在主动降噪方面，像发动机的静音设计、车身的流线型外观也具有降噪效果，还有激光焊接高强度车身以及精密的车辆制造工艺、专业的底盘减震设计，再配合轮胎的选择也抑制了与地面摩擦的噪音，就连这小小的鲨鱼鳍天线也可起到降噪的作用。此外，在被动降噪方面，除发动机舱的静音设计、声学夹层玻璃、25mm 玻璃材料、地板的隔音外，还有这 3 层密封条，以及用车窗丝绒密封条代替了原有橡胶材料，更是减少了玻璃的升降噪音，提高了车辆整车档次，打造了同级车中最强的静音效果。

（Strong point experience & explanation 利益体验与解释）

（3）宽胎确实很实用，并且能大大提高行驶的安全性。

S：×先生，您知道吗，现在好多顾客买车都会把轮胎规格作为一个高档车的参考标准，买车一定要一个大尺寸的宽胎才可以。

（Standard setting 标准设定）

C：是啊，一般高档车轮胎都挺大的。

S：像一些宝马、奔驰的顶级车型里面配备的都是宽尺寸轮胎，而且轮毂直径都很大。（Standard contrast 标准烘托）这么大的轮胎在行驶起来稳定性是非常好的，特别是在弯道的时候侧倾很小，大大提高了行驶的安全性。

（Standard benefit 标准利益）

C：那开起来以后能够感觉到吗？

S：正好，我们的这款试驾车配备的就是大尺寸的轮胎，我可以带您一块来试驾一下，您觉得可以吗？

C：好的，那现在就试一下。

S：×先生，您刚才试过了，是不是行驶起来非常平稳？我们这款车配备的是邓禄普245/45R18的轮胎，尺寸完全超越同级别车辆，而且采用的是低滚动阻力设计，在保证行驶安全性的前提下，又进一步降低了油耗，您看，这么好的车是不是非常适合您？

（Strong point experience & explanation 利益体验和解释）

（4）客户认为车辆油耗高，且动力是否足够。

S：您知道吗？最近汽油价格又上涨了，这对新车就提出了更高的要求。

C：是啊，油价这么高，开车花的钱更多了。

S：您说的很对，其实，对车来说不仅要看买车花的钱，更要算用车花的钱。在高油价的今天，对于家庭购车来说，选一款油耗低的车非常重要，而且很有必要。再从健康的角度来看，环境的好坏也让居家人士很在意。因此，一款好的发动机，不仅要从动力、健康的角度来看，环境的好坏也让居家人士很在意。您说是不是这样呢？

C：话是这样说，但好像没有这样的发动机啊。

S：以前可能没有，但现在缸内直喷的发动机就能做到在动力强劲的同时，有效降低油耗，排放更加环保。

C：这样看来，缸内直喷真是很不错的技术。

S：是的，缸内直喷技术是发动机发展的一个趋势，目前许多高级轿车，像奔驰、奥迪就已经广泛采用了。具有低转速、大扭矩的特点，动力非常强劲，排放更加清洁环保，能轻易达到欧4的排放标准，更重要的是燃油消耗。

C：我还是没有完全明白。

S：巧了，正好我们这款 2.4L 就是缸内直喷发动机，这样吧，我一会儿为您安排一次试乘试驾，您看可以吗？

C：好的。

S：您刚才试过了，感觉推背感是不是很强？其实，它的最大功率可达 137kW，最大扭矩可达 240N·m，90km/h 等速油耗只有 6.2L/100km，这些都代表了先进、可靠的技术，真的很适合当今的家庭用车。您是不是现在就订一台呢？

（5）客户认为涡轮增压发动机的动力性不够吸引。

S：×先生，您看，通过我的介绍您是不是觉得一部动力性好的车就一定要搭载高性能的涡轮增压发动机呢？世界上著名的超级跑车，还有高档轿车都运用了发动机增压技术，它能为车辆提供充沛的动力。

C：是啊。我觉得你说得很有道理啊。

S：其实 GM 可是发动机涡轮增压的鼻祖，我们的涡轮增压技术相当成熟，它能在小排量的前提下提供高动力性，同时又能做到低油耗。

C：嗯，确实不错。

S：×先生，您看，我说这车多好您也不会完全相信。正好我们有一台 1.6T 的试乘试驾车，要不您来亲自感受一下……怎么样，通过刚才的体验您觉得我们车的动力性如何？

C：确实不错。

S：那是一定的，我们 XT1.6T 的发动机最大扭矩达到 235N·m。最关键的是它还有一项 super boost——超推进功能！能在 5 秒里提供高达 266N·m 的动力！怎么样，×先生，您心动了吧！

（6）客户对我们产品的 HID 大灯不了解，觉得与其他车型差不多。

S：×先生，您购车时，车辆的安全性应该是您考虑的第一要素吧？

C：对，我看车，都先看它的安全配置。

S：看来您是一个很负责任的人。相对来说，晚上发生事故的比例比白天高很多，在夜晚行车最关键就是大灯了，大灯就像我们的眼睛，要看得更广泛，我们才能更早发现问题，及时做出反应。因此，一款安全性好的车辆，它的大灯照射范围至关重要，对吧？

C：没错，不过夜间行车的时候难免会有一些死角。

S：对，因此，现在如 Benz、BMW、Audi 等高端车，都配置了大灯随动转向功能。有了大灯随动转向功能，夜晚行驶碰见弯道路灯不够亮时，您再也不用担心了，大灯会根据您的转向进行转动，对您来说，和白天开车已经没多大区别了。

C：这大灯是怎么转动的？

S：我们新 JY 豪雅版配有随动转向大灯，要不我带您到地下车库试乘试驾体验一下……您看，大灯是不是随着我们方向转动，而且转动的角度也很大？

C：对。

S：我们新 JY 配备了 HID 大灯，它提供外侧灯可达 15 度，内侧灯可达 7 度的超大照射区，在夜晚转弯时能给您提供最大的安全保障，您觉得我们新 JY 的安全性好不好？

(7) 客户认为安全靠驾驶员的经验和技术才是最关键的。

S：×先生，您刚才说开车安全才是最重要的，是吧？

C：是啊，现在中国的路况那么复杂，开车也很累啊。

S：×先生您说的很对，在中国这种道路上确实很累，我们现在选车不仅要注重车外观的大气美观，乘客的舒适性，更要注重安全啊，您说对吧？

C：是啊，但安全主要也是靠驾驶员的经验和技术啊。

S：是的，像以前生产车的时候，厂家可能觉得只是一辆车，能开就好，但是现在不一样了，现在很多高档车都有主动安全和被动安全来辅助驾驶员。

C：这样看来这些安全还不错。

S：是的，以后车的发展趋势就是在主动安全和被动安全上面做得更好，现在像一些牵引力、电子稳定系统都被很多高档车应用。

C：是这样啊！但还不能完全理解。

S：您看我们这款 JY 刚好也有这些配置，像牵引力控制和电子稳定系统。您在试驾的过程中可以试一下急刹车、急转弯、急加速时车子的稳定性，我为您安排试驾可以吗？

C：可以。

S：您刚才在试驾的过程中感觉我们这款车的稳定性还不错吧，而且67%采用的是高强度钢，屈服强度达到1250Mpa，这都代表先进、可靠、实在的技术，我觉得比较符合您现在的用车需求，今天就准备开一辆回家吧。

（8）客户觉得现在开的Sagitar车悬挂系统不是很好，舒适性差点。

C：现在的车合理性不是特别好，可操控性强，舒适性差，我现在开的Sagitar就是这样。

S：×先生您说得很正确，其实车辆的舒适性不仅要有舒适的座椅和宽大的空间，最重要的还要看悬挂的性能。

C：悬挂也是舒适的一部分，那什么车才兼备这样的性能？

S：我们的GT就具备这样的性能，它拥有的是全球首创，通用专利的瓦特连杆设计，与复合扭杆梁完美配合，增强了车辆的舒适性与驾驶的操控性。

C：这样好。

S：是的。一会儿在试乘试驾时您可以坐在后排仔细体验一下我们GT优秀的坐乘舒适性。

S：×先生，您知道吗，在中型车上使用独立悬挂系统能够拥有良好的操控性，但是车内的空间一定会受到影响，就像您所说的速腾，而我们的GT后轮增强型复合扭杆梁+瓦特连杆的设计在获得舒适空间的同时又不缺乏操控性。

C：真的像你说的这样好吗？

S：×先生相信您也知道我们GT是跨级而立，和新JY一样将舒适性和操控性完美结合，完全能够满足您日常出行、公务接待的需求，岂不是一举两得。

3.1.2.4 CPR方法

解决客户疑问使用CPR方法。

Clarify（说明）——诚意请顾客说明具体疑问或异议，既表现出对顾客的疑问或异议重视，又便于销售顾问识别问题。通过开放式问题进一步澄清顾客的异议；积极倾听确保您准确理解顾客的异议；避免防御式的辩解或反驳。

Paraphrase（复述）——转述、复述以确认疑问或异议，帮助顾客重新评估、调整和确认他们的担忧；考虑有针对性的话术。用自己的话来总结顾客异议；转述让销售顾问有机会把顾客的异议转化为自己更容易应对的表述形式。

Resolve（解决）——以巧妙的话术解释疑问，排除异议，再提出解决方案。

顾客表示疑问或异议是一个向其介绍更多信息的机会。在回应前倾听顾客意见。用 CPR 方法，处理疑问或异议得当时，既能体现销售顾问的专业知识，又是展示产品卖点的良机，有助于提高成交的成功率。

[话术举例]

（1）客户对轮胎方面的疑问。

C（说明）："×先生，您能跟我具体说明一下，您是觉得轮胎的直径小，还是宽度小呢？"

（顾客说："我觉得这轮胎的胎宽只有185，有点小了……"）

P（复述）：[在顾客说明之后]"您是指这款车搭配了185宽的轮胎感觉胎宽有点小，是吗？"

R（解决）："您希望车胎再宽一些，可能是希望车辆在行驶过程中能够更平稳，我可以理解您的感受。刚才我介绍时可能不够深入，车辆行驶的稳定性除了轮胎之外，还要考虑更多的因素，例如底盘、悬挂、电控单元等，像××这款车，整体设计上综合考虑了上述因素，并经过无数次的实车测试，兼顾起步提速、节油、胎噪等。"

（2）客户对 CC 外形的疑问。

C（说明）："可否再请教您一下，为什么觉得不符合您的形象？"

P（复述）：[在顾客说明之后]"那么，如果我没理解错的话，外形风格不符合您心中的运动印象。"

R（解决）："我知道您为什么有这个印象，我也同意外形风格是定义运动性的必要元素。我建议您进一步看看CC，您会注意到有许多元素传达具有运动风格的总体造型印象。例如，我们来看看侧面轮廓，以及从C柱延伸到尾灯和从A柱延伸到大灯的斜线，您会发现，CC轿车在细分市场中具有最前卫的车身线条。我听其他CC车主评论说，硬朗的高轮拱设计、丹凤眼的前大灯和横格栅的设计共同为这款车增添了优雅的元素，结合其前卫的车身线条，让这款车同时拥有了超凡的力度和典雅的气质，而这是我们很多高端顾客所偏爱的一种组合。我们的顾客从这种设计中体会出一种含蓄的力量，从而产生了认同感……"

（3）TL的发动机噪音小。

C（说明）："是吗？您为什么会这么认为？"

客户："很多人这么说啊，RCTL是V6发动机，很静。"

P（复述）："您是指我们和天籁对比时的噪音比较大吗？如果您全面了解的话，可能会改变这一想法。"

R（解决）："其实很多第一次买车的客户都有您这样的观点。判断车辆的静音效果不仅要看静态时，更要看动态情况下。行驶中由于有多种噪音，考验车辆静音效果的就不仅仅是发动机噪音一项。你看我们的车前挡玻璃采用的是5.4mm的夹胶玻璃，这些材料的运用才是影响行驶中车内噪音的关键所在。而这些都是一般车辆不具备的。"

（4）车身钢板薄影响安全的质疑。

"我理解您对钢板厚薄影响安全的顾虑。毕竟汽车的安全与钢板的厚薄没有直接的关系，汽车的碰撞强度主要是看钢板的强度，而不是钢板的厚薄。这辆车运用的是新材料——高强度铝合金，它虽然不厚，但强度很大！×知名大学的周教授发表过论文，论证了汽车安全性的好坏关键要看设计水平，而不是钢板的厚薄。"

（5）车身质量轻影响安全的质疑。

"这样的说法确实已经争论了好多年了，但一直没有实质性的结果。现今很多消费者对日系车有看法，但是日本车在国际上一直很畅销。难道外国人不知道安全性的重要吗？说到这款车比较轻是因为它采用了高科技材料，在安全系数方面，欧洲人给它的安全测评是 5 星级！这样既省油，安全系数又高的车，一定也是您的选择。"

（6）客户对油耗过高的质疑。

"我很赞同您说的话，不过一部车的省油程度与车身大小、整车自重大小有很大关系啊。您看中的这辆德系车排量为 2.0L，车身宽大，整车重 1400kg，驾乘起来沉稳舒适，而且安全性和操控系统一流，最能体现像您这样成功人士的身份了，唯一的缺点就是油耗稍大一些，也是呀，哪有'既要马儿跑得快，又要马儿少吃草'的道理呢？"

（7）客户对车型太老的质疑。

"您真是行家，一眼就看出来了！这辆车的外形的确比较经典，但它的动力强劲、结实耐用、操控灵活方便、维修配件便宜，还有一点更重要，它的保有量大，等您开上三五年换车再转手时，它还能卖个好价钱呢！"

（8）客户对车内空间太小的疑问。

"其实一个人坐在车内的空间感是由腿部、肩部及头部的空间共同营造的，轴距长可以带来宽裕的脚步空间，但是头部和肩部空间是由车体的轮廓来决定的。我们这款车的长、宽、高分别是××、××、××，轴距是××。这款车虽然轴距并不是很长，但车子比较高，采用比较垂直的坐姿，不会觉得空间小。您可以试一下腿部能否活动自如，腰部是否能感受到座椅的顶托，还有头部以上的空间是否压抑？如果感觉都还舒服的话，空间就不小了，您说呢？"

（9）客户对空调制冷效果的疑问。

"哦，您误会了！我们这款车配备的是自动恒温空调，它可以按照车厢内的空气温度自动做出调整，按照人体的感受与安全驾驶的理论，自动控制冷风、暖风的输出，随时保持全车内部的最佳温度，而且风量、风向也比较均匀、柔和，从而避免温度骤冷骤热给人们带来的不适，所以你觉得车内的温度比较温和，其实这正是我们这款自动恒温空调的最大特色，您说呢？"

(10) 客户对内饰做工塑料感太强的疑问。

"您真是行家，这款车的内饰材料确实不是最好的，因为如果选用最好的材料，整车的价格恐怕要比现在高出30%以上。而且您也知道，世界上没有十全十美的产品，以我们这款车的品牌、配置、性能、工艺和售后服务，对于它的售价而言，绝对是物超所值的，所以内饰材料这个小小的不足并不会影响您买这款车，对吗？"

(11) 客户对品牌知名度低的质疑。

"先生，看来您真是行家，我们这个品牌刚刚进入国内市场不久，品牌比不上大品牌的汽车厂商，但由于设计人性化、性能稳定、售后服务出色，客户反应非常好，现在，我们品牌的汽车销量迅速上升，您看到的这款车在好几个店都库存紧张呢！"

"大品牌有大品牌的好处，小品牌也有小品牌的优点呀。与同级别的其他车型相比，我们的售价要低好几万元，同样的维修和保养，我们的收费只有其他产品的三分之一，为了赢得更多的客户，我们在质量上一丝一毫都不敢马虎，服务上也力求尽善尽美……"

(12) 客户对后备箱空间太小的质疑。

"我理解，大家都偏爱大后备箱，可后备箱一大就喜欢往里面放东西，有用没用的都放，反而增加了油耗，据测算，多附加50公斤的东西，百公里要多耗一个油呢！"

"现在主流的五款两厢车，这款的后备箱空间是××升，排名第三，的确算不上太大，但是在动力和安全性等方面却是非常出色的，我想您应该更看重这个方面吧……"

"我理解，两厢车的后备箱是比较小，但是这款车的后排座椅可以放倒，这样后备箱的容量就相当于从××升增加到了××升。"

（13）客户嫌车价太贵。

"如果您觉得这款车 18 万元太贵，那么如果您只需要支付 9 万元就可以把这款车开走，您还觉得贵吗？我们最近和银行合作开展了分期购车活动，您只需要交一半的首付，剩下的一半车款享受低利息、零手续费，在两年内分期还清就可以了，您看这样能接受吗？"

"您放心，现在汽车销售这一行竞争非常激烈，信息也很透明，价格上很难有水分，而且我们是本市最大的经销商，在价格方面有优势，所以给您的价格肯定是最低价。您交际面广，朋友多，我们还指望您多带朋友过来呢，所以给您报的都是实价。"

3.1.2.5　ACE 方法

应对竞品质疑采用 ACE 方法。

Acknowledge（认可）——对于顾客观点予以肯定，认同顾客对竞品的评价。

Compare（比较）——提出真实数据，客观证明产品优势。

Elevate（提升）——将本品牌产品优势设为购买标准，再次确认顾客是否认同。

大多数顾客都会关注不止一个品牌，所以必须要了解竞争对手。了解竞争对手的车辆配置和操作能更清晰地解释本品牌汽车的好处，给顾客购买本汽车品牌的理由。

[话术举例]

（1）音响竞品的质疑。

A：我理解您的观点，××的影音系统也确实不错。

C：根据您先前的看法，我知道易于操作的音响和通信系统对您非常重要，毕竟长时间驾驶需要一个好的、易于操作的影音娱乐设备与操作界面。全新 MT 的操作界面尽管看起来较为直观简单，但却是简约而不简单，同样可以实现收音机、导航和空调系统的众多功能。而且，这种简约使我们操作起来更为直观便捷。这一切都是工程师花费数千小时人机界面研究的成果。

E：从这点来讲，与××相比，××更处于明显优势，因为我们中控台的这种更为直观的、功能性的简约设计，使您在行车过程中更易于操作，无疑增加了您行车的安全性。

（2）同款车，B店比你们便宜。

"看来您真是有备而来的啊，您知道我们为什么在价格方面比B专卖店贵3000元吗？因为在我们这里买车会赠送一年的车险、一年免费洗车服务以及一年的免费保养，这些东西价值超过了6000元，而且样样都是买车后必须用到的，他们的车是便宜了3000元，但据我所知，他们并不赠送任何东西，总的算来我们还是比他们更优惠，不知道那边的销售员有没有跟您讲清楚呢？"

（3）和×品牌相比，配置差不多，价格咋差那么多。

"您说得对，我们是比他们贵，贵两万元（停顿一下）！"

"虽然贵两万元，但80%以上的客户详细比较后还是选择我们，为什么呢？因为我们的车贵得有道理，贵得有价值！您看我们车的车身，一体成型的侧围外板，让前门框、后门框和A、B、C柱成为完整体，长达41165mm的激光焊缝，在国内的中级车中是绝无仅有的。还备了ESP系统和TCS系统，大大提高了行驶的稳定性。在舒适配置上安装双分区自动空调、定速巡航系统，长途驾车更轻松愉快。只要多出两万元，您就可以每天都享受这样舒适和安全的感觉了，您还犹豫什么呢？"

（4）对DSG变速箱的质疑。

A：的确，DSG技术先进，换挡迅捷，广告也是做得铺天盖地。

C：但是DSG技术与生俱来的稳定性不佳，使众多客户望而却步。相比较而言，JY的全新GF6二代6速手自一体变速箱，技术成熟、换挡平顺，维护成本也更低，手自一体模式令操控性能也大大提升。

E：您可以看一下这个视频是"3.15"中央 13 套曝光的 VWDSG 技术不稳定以及涉及大众部分车型的报道，我们新 JY2.4SIDI 的智能发动机配合精心调校匹配的 GF6 二代变速箱换挡具有紧凑轻量、高效低耗、稳定可靠等特点，可以使您"跑得更顺、用得更省"。

（5）对 CVT 变速箱的质疑。

A：TL 的 CVT 变速箱换挡确实非常平顺。

C：但是就实用性而言，JY 的 6 速手自一体变速箱更加适合客户的使用，因为 CVT 变速箱没有固定齿轮，所以扭矩承载是有限的，如果遇到急起步、爬坡或者负载较大的时候，变速箱容易出现打滑的情况，这样不利于车辆动力的传递，还会对变速箱造成损坏，要知道 CVT 变速箱是只能换不能修的。

E：相比较而言，JY 最新的 GF6 速手自一体变速箱使用的可靠性就强多了，不仅动力传递效率高，加速性能好，而且养护费用也低，同时故障率也要低得多，这是目前 B 级车甚至是豪华车主流的变速箱，而且它换挡同样也很平顺、舒适，要不我们试驾一下吧？

（6）对座椅太硬的质疑。

A：您说的没错，NS 的座椅确实比较柔软，像坐在沙发上的感觉，不过这种座椅坐的时间长了会觉得比较疲劳，像我们 JY 的座椅，它的柔软程度比较好，长时间都不会疲劳。

C：您看，您平时也是需要跑长途的，所以软硬适中的座椅对您来说也更加合适，这个也是我们专门为商务人士定做的座椅。

E：而且我们座椅还具有腿部支撑动能，因为坐得是否舒服就要看座椅的宽度，我们坐的位置差不多可以到膝盖这个位置，让您整个身体都可以舒服地依靠，所以也让您有更加舒适的感觉。

（7）其他品牌座椅质感好。

A：确实 VW 的 ALCANTARA 豪华镶拼座椅中间一块采用的是翻绒皮，看上去确实很高档的感觉，但是，作为家用或商务用车，我想真皮打孔座椅应该是更合适您的。

C：我想请问您如果您有两双鞋子，一双是真皮的，亮亮的那种；另一双是翻绒皮的，毛毛的那种，那您觉得哪一双更好清洁呢？答案是肯定的，所以真皮座椅要比翻绒皮座椅更好清洁，而且真皮座椅会比翻绒皮座椅坐起来更舒服，因为它光滑，所以它的摩擦力小，当您长途开车想要变换姿势时就很方便，不会因为衣服被座椅牢牢固定使您想动一动都成为问题！

E：我们的 JY 座椅不仅在用料上采用了真正的真皮材质，而且在工艺和功能上更为出色。它采用人体工程学设计软硬适中，具有加热、通风、按摩等功能，这些可只有在 Cadillac、BMW、Benz 等高端车上才能见到。

（8）Buick 油耗高。

A：的确，很多客户普遍认为别克车的油耗略高，但是综合发动机、车重等因素来看，其实 JY 的发动机能效还是非常高的。

C：请您跟我到信息中心来，我给您看几组数据，您看 2 个车的重量。JY 整整重了 260kg。如果等额分配，我们 JY1kg 油耗才 0.0053，而 Camry 要 0.0069。

E：更何况 JY 发动机全系标配缸内直喷及 DVVT，这可是目前对于节油来说最为有效的两大技术。

（9）VW 底盘好操控好。

A：的确。New Passat 采用了多连杆后悬架，这也是 New Passat 的一个亮点。

C：New Passat 是刚刚换上的多连杆后悬架。我们新 JY 在底盘悬架选用上，后悬架采用了多连杆，而且是更早的采用了，是经过别克很多用户验证了的，技术更成熟，相信您已经做过一些了解了。

E：在我们新 JY2.4L 豪华版上，还装载了同级独有的 CDC 全时主动式液力减震稳定系统，保证了在舒适的乘坐性基础上，更提高了车辆在不良路况下的优异操控性。

（10）Camry 乘坐舒适。

A：新 Camry 采用纵向拖曳臂+横向双下控制臂悬挂，对车辆稳定性和舒适性有一定的改善。

C：多连杆其实也有很多种配置，新 Camry 只有双连杆，而且俯下身就可以看到连杆粗细，只有拇指粗细，材质使用也仅为铸铁。

E：JY 就不同了，同样是多连杆，配置却为四连杆，材质为铝合金，下摆臂像拳头粗细。高配还有增强型 H-arm 及 CDC 全时主动式液压稳定系统，无论是体验操控的乐趣，还是享受舒适的乘坐，都能为您轻松解决。

（11）Mondeo 底盘操控好。

A：您说的 Mondeo2.0T 底盘的确不错，底盘操控性很好。

C：但咱们 JY 的 CDC 全时主动稳定系统，可以每秒扫描路面 100 次，适时调节悬挂软硬程度，可达到更好的操控性。

E：而且 CDC 配上 ABS、EBD 可以让您的行车更加安全，操控如行云流水，过弯程度方便，让您在旅行中，既安全又舒适。

（12）Lacrosse A 柱视线不好。

A：是的，坐在车里，JY 不能完全看到车头。

C：相对于 Magotan，JY 的 A 柱采用的是前展设计，引擎盖采用下倾的设计。所以车头看不到。

E：不过这样的设计，前挡风玻璃的面积比较大，在行驶过程，大面积的玻璃带来了良好视线，大大提高行车安全。只不过在停车时，要稍微适应一下。

（13）TL 发动机先进。

A：您很专业，TL 确实使用的是 V 型发动机。不过，发动机的好坏，不是看它的气缸布置形式，而是要看先进技术的运用与否。

C：您看我的 iPad 上刚好有两份资料，一份是 V 型六缸发动机与直列四缸发动机透视图，V 型六缸发动机结构相对复杂，维护成本高，而且相比直列四缸发动机而言，一般认为是减少了发动机的共振和噪音，而我们新 JY 的 2.4L 发动机有一种先进的技术叫双对旋平衡轴，它能更好地抵消发动机运作时的震动，从而达到超越六缸的稳定性。

E：您听，发动机的运转是不是非常平顺呢？那就是新 JY 发动机配备双对旋平衡轴的效果，让直列四缸发动机达到 V 型六缸的稳定，而且新 JY 的发动机还有 SIDI 缸内直喷技术，是目前中高级轿车的标志性技术之一，比如宝马、奔驰上就采用，这样在为您提供强劲动力的同时，还提高了燃油经济性，既节能又环保，您说是不是非常适合高品位的您呢？

(14) TL 发动机动力出色。

A：您说的 TL 发动机确实是一款很不错的发动机。

C：JY2.4 发动机采用 4 缸缸内直喷技术，从功率和扭矩表现上并不逊色于 TL 配备的 6 缸发动机。

E：由于排量 2.5 升采用 6 缸设计，导致比同排量的 4 缸发动机要耗油。虽然有 6 缸的静音优势，但 JY 采用对旋平衡轴设计，达到了 6 缸的平稳性，而且可以用 93 号汽油，但 TL 是建议用 95 号以上的汽油，大城市没问题，但小地方高标号汽油比较难找，用起来非常不便。

3.2 车辆展示与介绍实操

3.2.1 实操内容

车辆展示与介绍实操内容如表 3-1 所示。

表 3-1 车辆展示与介绍实操内容

考核项目	考核点	备注
车辆展示与介绍	根据客户背景资料，在规定时间内做好车辆展示与介绍，正确使用 FFB、CPR 和 ACE 方法	
	根据客户关注情况，分别从前方、车侧方、车后方、车内后座、驾驶室、发动机室介绍车辆	

【要求】

(1) 精神面貌：礼仪规范，亲和力强，充满自信。

(2) 肢体语言：姿态良好，眼神专注，手势运用恰当。

(3) 实操结束后，注意用具摆放整齐，保持桌面及周围环境的整洁。

(4) 每组出两位学员，扮演客户与销售顾问，并模拟车辆展示与介绍的情景。

(5) 销售顾问语言逻辑清晰，简明扼要，有影响力。

【训练】

题目 1

李女士从小生活在城市，特别喜欢现代化的都市生活，着装前卫、时尚、潮流。想给自己选择一款高雅、精致、时尚的小汽车。王女士是第 2 次进店，希望销售顾问能给其针对这款车做一个详细的介绍，全面掌握有关这款车的信息。劳动节假期的第一天，李女士走进了店里。

客户资料

姓名	李女士	性别	女
年龄	25 岁	职业	工薪族
驾龄	2 年	文化程度	大专
兴趣、爱好	上网、看书	家庭成员	父母
年收入	10 万元	目前对车的了解度	不太了解
对车型关注点		外形时尚精致、内饰舒适、经济环保	

题目 2

王总对生活质量、生活品位要求比较高，尤其是追求高品位的商品。近期，王总想给自己换购一台车辆，以便和家人旅游用。王总再次进店，想仔细了解有关这款车的详细资料，也让销售顾问对车做了一个详细介绍。星期五下午，王总走进了店里。

客户资料

姓名	王总	性别	男
年龄	48 岁	职业	公司老总
驾龄	13 年	文化程度	本科
兴趣、爱好	看书、打球	家庭成员	夫人、小孩（2 个）
年收入	20 万元	目前对车的了解度	有一些了解
对车型关注点	外形大气、操控性、安全性、动力性		

题目 3

马先生，单身，想给自己选购一台功能性比较强的车型。国庆假期期间跟朋友一起来到 4S 店，想了解一下车型的定位，是否适合自己的需求。在销售顾问的推介下，刘先生认真了解了这款车型的几个方位的介绍，更好地了解了车辆性能、配置等。在一个周末的下午，他和女朋友走进了店里。

客户资料

姓名	马先生	性别	男
年龄	31 岁	职业	公司主管
驾龄	2 年	文化程度	本科
兴趣、爱好	上网、泡吧	家庭成员	单身
年收入	10 万元	目前对车的了解度	有一些了解
对车型关注点	外形大气、操控性、安全性、动力性		

题目 4

王先生，某企业工程师，自己现有一台车辆。想照顾夫人上下班接送小孩，家中需再增添一台车。王先生和夫人通过再次来店，想认真对比车型具体情况。在销售顾问的引导下，对产品六个方位的特点有了初步了解。

客户资料

姓名	王先生	性别	男
年龄	38 岁	职业	某企业工程师
驾龄	5 年	文化程度	研究生
兴趣、爱好	看书、打羽毛球	家庭成员	三口之家
年收入	20 万元	目前对车的了解度	有一些了解
对车型关注点	经济型、空间及便利性、动力性		

题目 5

黄先生，企业中层干部，企业车改，所以准备给自己买一台车。在同事的陪同下，进店咨询。销售顾问了解到客户对车辆的关注点。根据黄先生对车辆的关注点，销售顾问进一步对产品深度介绍（产品六方位介绍），帮助黄先生更好地了解产品特性。在一个雨天的下午两点，他们走进了店里。

客户资料

姓名	黄先生	性别	男
年龄	35 岁	职业	企业中层干部
驾龄	4 年	文化程度	本科
兴趣、爱好	看书、踢球	家庭成员	三口之家
年收入	12 万元	目前对车的了解度	有一些了解
对车型关注点	便利性、经济型、价格		

题目 6

宋女士，水产品批发老板。从事工作 10 年，赚了不少钱。最近发现身边的很多朋友都开始买车，于是宋女士跟先生商量也想购一台车，方便上下班用，有时候也可以拉点货。夫妻俩感觉选车真不是件容易的事情，想请懂行的朋友参考一下。于是跟朋友一同进店，让朋友帮忙比较车型。销售顾问根据客户的关注点做了一个详细的六方位介绍。他们在一个阴冷的星期五上午进到了店里。

客户资料

姓名	宋女士	性别	女
年龄	35 岁	职业	水产品批发老板
驾龄	1 年	文化程度	高中毕业
兴趣、爱好	打牌、看电视	家庭成员	三口之家
年收入	25 万元	目前对车的了解度	完全不了解
对车型关注点	价格、配置、空间		

3.2.2 实操考核

实操考核内容如表 3-2 所示。

表 3-2　实操考核内容

考核内容	配分	考核点	扣分	得分
礼仪	10	着装规范、手势合理、表情自然、语言流畅、姿势到位，符合商务接待礼仪规范（每项 2 分）		
车前方介绍	8	整车设计风格、整车车身尺寸、车身颜色、大灯组合、进气格栅、保险杠与雾灯、前风挡玻璃、前雨刷器与玻璃清洗装置等（少介绍一项扣 1 分）		
车侧方介绍	8	车侧外观、车外后视镜、车轮和轮眉、风阻系数、轴距、制动系统、ABS/ EBD、悬挂系统等（少介绍一项扣 1 分）		
车后方介绍	8	尾部造型、尾灯、行李箱/尾门开启方式、后保险杠及后牌照框、行李箱空间及开启方式、备胎位置和取放方法、工具箱、三角警示架存放处等（少介绍一项扣 1 分）		
后座舱介绍	8	空间及视野、后排座椅/靠背放倒方式、中央扶手/中央头枕等（少介绍一项扣 1.5 分）		
发动机舱介绍	8	发动机型号、排量、气缸排列形式、最大功率、最大扭矩、特有技术排放标准等（少介绍一项扣 1 分）		
驾驶舱介绍	10	内饰设计/内饰色调、前排座椅、方向盘、仪表盘、行车电脑、显示屏、音响系统、空调、储物空间、中控门锁及电动车窗、遥控钥匙、防炫目内后视镜、安全气囊及其他车内配置等（少介绍一项扣 1 分）		
竞品对比	10	没有针对客户需求，主动、客观地与竞品对比介绍车辆扣 5 分；对比竞品介绍不能让客户感受到产品的自身优势扣 5 分		
语言表达	10	口齿不清晰、不流畅扣 4 分；内容无条理、不富逻辑性扣 2 分；用词不准确、不恰当、没有分寸扣 2 分；语音、语调、语气不得当扣 2 分		
应变能力	20	在有压力状况下思维反应敏捷；情绪稳定，考虑问题周到		
总分	100	得分		

任务❹ 试乘试驾

【学习目标】

● 掌握试乘试驾的流程
● 模拟中能针对"客户"的需求和利益，用通俗易懂的语言介绍汽车产品的相关使用性能

【学习重点】

● 车辆展示与介绍话术

【学习难点】

● 模拟演练相关情景

【任务导入】

S：销售顾问　A：试乘试驾专员　C：客户

S：我给您二位讲解一下试乘试驾的整个过程。我们首先要复印您的驾照。另外，您需要在试驾协议上签字，然后咱们开始试乘试驾。试乘试驾分两个部分，首先进行试乘体验，然后在中途安全点交换位置后，再由您亲自试驾。为了提高我们的服务水平，试驾结束后，我们还要麻烦您填写一份《试乘试驾意见反馈表》，您先看一下好吗？（审验并复印顾客驾驶执照，主动向客户解释复印驾照

和签署试驾协议的必要性，消除客户疑虑，并请客户签字）

S：好了，×先生，下面将由我们的试驾专员跟咱们一起进行试乘试驾。×先生、×太太，这是我们试驾专员小A。

A：×先生、×太太，你们好！我是本次的试驾专员××，很高兴能和二位一起体验XX。那么，下面首先请允许我介绍一下今天试乘试驾的路线。在这里，我们可以看到三条路线。（指向展示板）它们分别是路线1、路线2和路线3。其中路线2是路程最长的，路况设置也最丰富。你们所关注的动力性、操控性能、安全性以及各项智能装备，都可以得到完美体验。这条路线大概用时三十分钟，如果时间允许，我建议二位选择这条路线。

C：时间没问题，就选这条路线吧。

A：（指引客户一起来到试驾车前，帮助客户开门，并进入驾驶座，主动与客户打招呼）×先生、×太太，非常高兴能和二位一同来分享这次试乘试驾。首先，由我来驾车，您二位可以熟悉一下车辆，同时，感受一下它的性能如何。这台车所采用的12键多功能方向盘，非常高档，手感也非常好。同时，它的座椅12向电动调节功能也非常舒适和方便。此外，它的音响系统为世界顶级的丹拿音响。请看这里，还有这边。好，请您二位系好安全带，我们准备出发。我想，您二位一定都知道，XX在动力性、舒适性和安全性方面，都具有很强大的技术优势。比如它所采用的是世界顶级的TSI+DSG动力组合，加速平顺、反应迅速、推背明显、操控性能极佳。在今天的试乘试驾中，像直线加速、道路转弯，紧急制动和坏路通过等项目，我们都会逐一地体验。那么首先我们来体验一下它的加速性能如何。请您二位坐稳。

A：（直线加速）好的，×先生、×太太，刚刚已经感受过它的加速了。不知道您二位觉得如何呢？

C：很好啊。

A：在刚才的加速过程中，我们明显地感受到XX的推背感，感觉不到的是换挡的感觉，可以说非常平顺，与此同时，我们能够感觉到它的座椅具有非常良好的包裹性，所以非常舒适。

C：嗯，确实加速很好。座椅的包裹性也很不错。

A：好的，×先生，×太太，前方就是道路转弯了，下面咱们一起来看一看它在转弯过程中表现如何吧。

C：好。

A：（进入弯路）好的，×先生、×太太，刚刚已经感受过它的转弯了，您二位觉得如何呢？

C：很好。

A：XX 的四轮独立悬架具有非常良好的操控稳定性，所以在转弯过程中没有明显的侧倾，同时，XX 的座椅包裹性也让我们感受不到太大的身体晃动，可以说非常平顺与舒适。此外，在连续转弯的过程当中，XX 也没有侧滑的现象出现，这是由于 ESP 和 EPS 共同作用的结果，这在同级别的其他车中是没有办法做到这一点的。

C：确实是这样。

A：×先生、×太太，让我们一起来感受它在前方紧急制动下表现如何吧。

C：好的。

A：×先生、×太太，刚刚体验过它的紧急制动功能了，您二位觉得如何呢？

C：很好。

A：下面进入到今天的试驾环节了，×先生，由您自己来亲自驾驶感受。

C：好。

A：（下车为客户开门，半蹲在驾驶座旁边）×先生，请将座椅、方向盘和后视镜调整到您满意的位置。XX 这款车呢，可以实现座椅的电动调节，可以迅速、方便和舒适地调节座椅。（指示各座椅调整按键）这个键可以前后调节座椅。旁边是高度调节开关。那在左边呢，这个按键可以调整您后视镜的舒适位置。（进入副驾驶座）×先生这是车钥匙。今天我们**试驾的路线**是 2 号路线，如果没有问题，我们就可以出发了。请您系好安全带。×先生，此处可以进行加速体验，请您务必注意安全。

C：好的。

A：×先生，此处可以进行变道体验，请您注意前后方车辆。

C：好的。

A：×先生，前方路口有红绿灯，请您注意减速慢行。

C：好的。

C：你之前说过的那个车道保持系统，是怎么应用的？

A：哦，是这样的……（在不妨碍客户试驾的情况下，回答客户提问，强调车辆好处；如果试驾路线不能够满足客户的体验需求，解释原因并在试乘试驾结束后利用其他辅助工具进行充分展示和解说。试驾结束后，试驾专员应及时告知销售顾问在试驾过程中对车辆的感受及其他需求）。

S：两位试乘试驾感觉如何？

C：很好，这车的加速表现很好，制动性能也没的说，动力性、智能性方面都很不错。你觉得呢（问他的妻子），还不错，刚才试乘的时候，小×试验的急刹车，我觉得非常棒，而且XX的外观也挺漂亮的。

S：的确，我也觉得XX很符合两位的品位。×先生，您帮我填一下这个表可以吗？

C：可以。

4.1　试乘试驾流程及话术举例

4.1.1　试乘试驾概述

上述对话讲述的是销售顾问如何按流程指导客户进行试乘试驾体验。在客户参与试乘试驾的过程中，销售人员需要主导客户的注意力，控制谈话的主动权，引导客户对试乘试驾的车辆做出正面积极的体验和评价，因为，鞋合不合脚只有脚知道，车合不合意只有试乘试驾后才能确定。

模拟中，我们要根据客户对车辆的兴趣点，主动邀请客户参加试乘试驾，同时在试乘试驾的前、中、后环节，销售顾问与试驾专员紧密协作，保障客户的试驾感受。过程中，销售顾问充分利用私人氛围拉近与客户的关系，关注客户的感受。并在试乘试驾总结过程中，引导客户做出正面的评价和反馈，确认试乘试驾达到了他们的需求。这里需要说明的是：在实战中，销售顾问也是试驾专员，这样，销售顾问既要掌握静态介绍的话术，也要掌握动态介绍的体验点。

4.1.2 试乘试驾流程及话术举例

试乘试驾流程如图 4-1 所示。

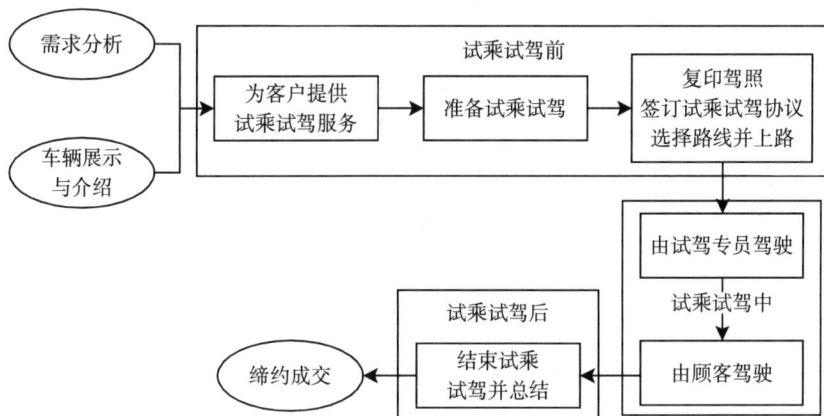

图 4-1 试乘试驾流程

从图 4-1 流程中不难看出，试乘试驾由三个环节组成，即试乘试驾前的准备、试乘试驾中的体验和试乘试驾后的总结。

4.1.2.1 试乘试驾前

试乘试驾前有三项主要工作：①复印驾照；②签订试乘试驾协议；③选择线路并上路。如图 4-2 所示。

4.1.2.2 试乘试驾中

试乘试驾中流程如图 4-3 所示。

试乘试驾工作内容如表 4-1 所示。

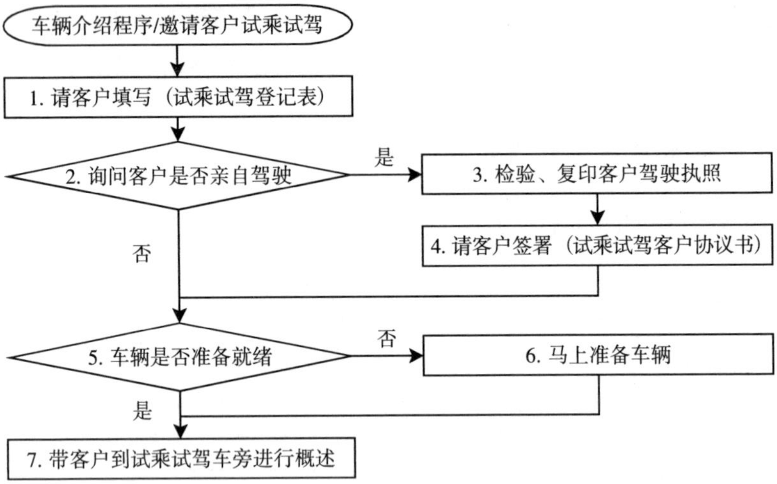

车辆介绍程序/邀请客户试乘试驾

1. 请客户填写（试乘试驾登记表）

2. 询问客户是否亲自驾驶 —— 是 → 3. 检验、复印客户驾驶执照

4. 请客户签署（试乘试驾客户协议书）

否

5. 车辆是否准备就绪 —— 否 → 6. 马上准备车辆

是

7. 带客户到试乘试驾车旁进行概述

图 4-2　试乘试驾前流程

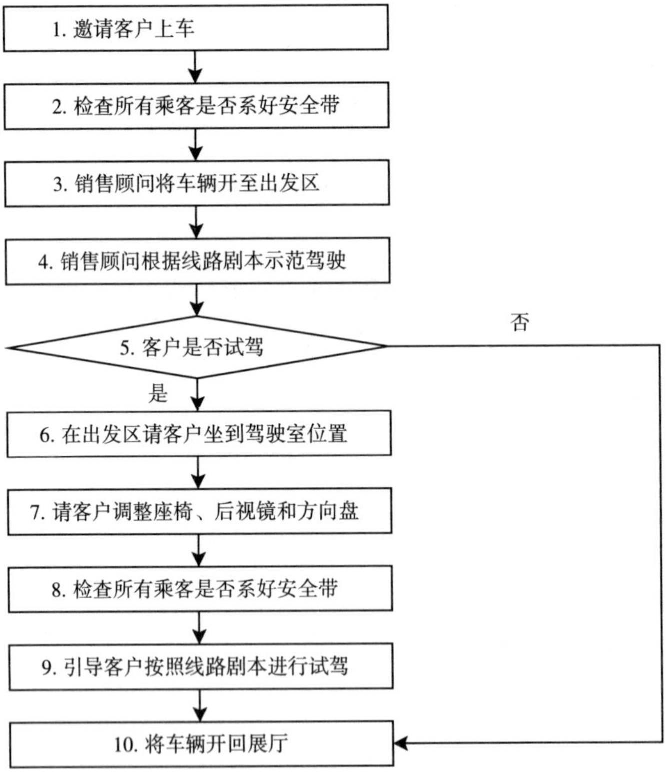

1. 邀请客户上车

2. 检查所有乘客是否系好安全带

3. 销售顾问将车辆开至出发区

4. 销售顾问根据线路剧本示范驾驶

5. 客户是否试驾 —— 否

是

6. 在出发区请客户坐到驾驶室位置

7. 请客户调整座椅、后视镜和方向盘

8. 检查所有乘客是否系好安全带

9. 引导客户按照线路剧本进行试驾

10. 将车辆开回展厅

图 4-3　试乘试驾中流程

表 4-1 试乘试驾工作内容

引　导	销售顾问话术
一、试乘前——车辆的功能、操作讲解	
1. 通过展示多功能行车电脑及座椅电动调节、内饰布置、内饰材质，进一步加深客户对试乘试驾车辆的良好印象，为试驾工作打下良好开端。上路前静态介绍试驾车辆的型号、排量及外观。提醒客户体会点火后发动机的声响；踩踏离合器和油门的脚底感觉、车辆的启动反应和推背感	"这是××车×厢××型，是××排量的……××车是一款非常"×××车"，一会儿你可以从很多方面感受到它的性能"
2. 向客户介绍无钥匙系统的方便	"使用者只需要携带钥匙靠近车身即可直接拉开车门。进入车内，踩下制动踏板、按住 Start 键，车辆即被启动。省去了车主掏钥匙、找钥匙的麻烦。"
3. 请顾客入前排乘客座：替顾客开门、关车门，防止顾客头部碰到车门，帮顾客手动调节好座椅	"×先生/女士：我们座椅采用 8 向电动调节，在这里您可以调节，您可以根据乘坐的舒适性进行调节。"
4. 点火后，介绍仪表各项指示灯及功能	"车辆所装备的人机信息交互系统实现了人车之间的无缝连接，音响、蓝牙、行车电脑等有用的信息被整合在仪表盘上的彩色液晶显示屏上。" "×先生/女士：车辆的仪表非常漂亮，功能强，现在显示我这侧车门没有关严……可以利用多功能方向盘设置，诸如选择性车窗开启等功能，非常方便……驾驶座椅具有 8 向电动调节，软硬适中，等一会儿在试驾中您会感觉更好……内饰布置的特点是简约，就是说操作便利，但功能强，驾驶很舒服……车内也没有异味。" "还特有'伴我回家'大灯，晚上停车，大灯会延时熄灭，帮您提供道路照明。"
5. 调整内、外后视镜	"调整外后视镜的开关就在左手边。" "带有电加热功能的后视镜可以有效地去除霜和水汽，使视野更加开阔，您轻拨转向灯按钮时，可以选择连续闪 3 次或 1 次，变道时非常适用。"
6. 调整方向盘及控制键的说明	"如果您觉得方向盘搁在膝盖上，可进行上下调整……" "多功能方向盘上的按键设计非常合理，让您方便地控制行车电脑、音响和蓝牙等设备。"
7. 调整并系上安全带	"高度可调节的三点式安全带，适合不同体型的乘客，前排并且是预紧限力式安全带，可为您提供可靠的被动安全，系安全带是安全的根本，请您系好安全带……"
8. 中控台的介绍	"大尺寸触摸式 DVD，显示非常直观，并且操作起来十分方便，免去了客户寻找和熟悉按键的麻烦。"
9. 挑选一张 CD，插入 CD 槽，让顾客感受高保真 8 喇叭音响效果，或给客户演示播放 DVD 的效果	"请问您喜欢什么类型的音乐？我们可以在路上听听同级车中最优秀的音响所带来不一样的效果，全车系都配备了 8 喇叭音响。"
10. 演示空调操作方法	"双区独立恒温空调，驾驶员和副驾驶两边可以调节不同的温度。空调风向更加合理，避免了空调风直吹后排乘客带来的不适"。

引　导	销售顾问话术
二、怠速状态	
1. 告知顾客行车路线及危险路况	"我们接下来行驶的路线全程大约×分钟，有直线、转弯等道路……"
2. 演示车门未关、未系安全带、手刹未关报警	"您看，驾驶员信息中心提醒驾驶员车门未关、手刹车未关等信息，在行车过程中您可随时注意，它会及时向您汇报车辆的状况，请您系好安全带……"
3. 感受发动机的宁静与较小的振动	"我们车辆在纵梁、侧边梁、A柱、B柱、C柱等多个部位采用空腔填充技术，车门有双重密封条，这些都把噪音隔在车厢外了，您看，现在发动机已经启动了，但您几乎感觉不到它的噪音……"
三、原地起步加速（0~60km）：让客户体验车辆加速性能和舒适性	
1. 起步加速的动力性、座椅的包裹性及安全头枕；尝试采用不同的力度急缓踩踏油门，体验车辆加速反应（加速过程中不与客户交谈，注意安全）	"×先生/女士，现在我们一起体验XX原地起步加速能力，这个项目是测试一部车的动力性能和加速平顺性的最好方式，一部好车在加速过程中，会感觉到明显的推背感，并且在加速的过程中根本感觉不到换挡，非常顺。" "×先生/女士，您感觉到明显的推背感了吧？XX变速器动力输出非常好，加速感更好，等一会，您开的时候一定要小心，这部车很有劲，0~100km加速只有××秒……" "换挡平顺，假如不看转速表，几乎感觉不到它在换挡，发动机和变速器配合非常好。" "座椅也非常舒服，XX的座椅不仅材质好，而且都是采用全新一代安全头枕，刚才加速时，您是否感到整个背部和头部都贴到座椅上非常舒服。"
2. 发动机的动力	"您听，发动机的运转很强烈、很有节奏，这表示发动机的动力很强劲……XX采用了XXL全铝合金发动机，动力输出效率更高，质量更轻，散热性更好。"
四、高速行驶（60~90km）	
1. 高速行驶的稳定性，发动机工作状态，车辆密封隔音性能	"×先生/女士，前面的路况比较好，我们把车速加到90km/h左右，体验一下XX高速行驶性能稳定性和静音效果。" "×先生/女士，刚才没有丝毫发飘的感觉，XX的底盘非常扎实，您一定注意到车内非常安静，XX采用先进的隔音技术，隔音性能非常出色……"
2. 强调油门的响应性	"油门响应很快，动力随叫随到……"
3. 强调车辆在行驶中安静平稳	"我们以90km/h的速度在行驶，发动机运转很有节奏，很平稳，车辆一点儿也不会有发飘的感觉……"

续表

引　导	销售顾问话术
五、行驶过程中一些车载装备的使用	
让客户体验车辆的一些配置和良好的视野	"×先生/女士，前面是一段笔直的、路况较为良好的道路，我们了解一下车辆配置的豪华装备：定速巡航、空调系统、音响系统、多功能天窗、无骨雨刷……" "×先生/女士，我们车辆驾驶视野很好，驾驶很轻松；它具备定速巡航系统，这个系统操作简便，又能减少驾驶员的旅途疲劳，刚才也看到了我为您演示的效果了；我们采用的双区域独立式空调，座椅带加热功能，不但可以满足不同成员的不同需要，而且温度和风量还可以在中控台显示，非常高档；我们的音响，除了提供优良的音质、MP3 功能，还带外接 USB 接口，除用来播放外接 U 盘存储的音乐，还可用作充电插口，特别方便。" "座椅高度正好，前方和后视镜的视野也很宽广，过一会，您试驾的时候就能感受到了……" "请问您喜欢什么类型的音乐？我们可以在路上听听同级车中最优秀的音响所带来的不一样效果。"
六、连续弯路	
1. 让客户体验车辆在转弯时的抗侧倾能力和转向控制的精确度	"前面有一段连续的弯道，我们体验一下车辆的弯道表现。" "转弯时很稳定，没有明显的震动或倾斜……" "×先生/女士，开我们车过弯很轻松，在进弯、过弯和出弯的时候都非常准确和干净利索，不仅没有丝毫侧滑的感觉，并且方向非常精准！这正是电动随速转向系统和车身稳定系统共同作用的结果，很多同级车是没办法做到这一点的。"
2. 强调悬挂的支撑性、轮胎的抓地力	"我们的四轮独立悬挂系统调校非常到位，侧倾被控制在了最小的范围内，座椅侧面包裹效果也非常好，我们并不感觉有多大晃动，在为您准确传递路感的同时，17 英寸轮胎提供了强大的抓地力，让您的操控更有信心，如果在夜间，雾灯还有弯道补光功能，效果特好。"
七、紧急制动：直线道路（0~60km/h）	
让客户体验车辆紧急制动性能、车身电子稳定程序（ESP）、电动随速转向（EPS）、座椅的包裹性、悬架及轮胎的功效；体验在多种速度中进行减速	"×先生/女士，前面这段道路非常平直，而且没有其他车辆、行人和障碍物，我将向您展示车辆的紧急制动性能。" "×先生/女士，车辆装备有 ESP 及 EPS，您注意到没有，即使在雨雪天，制动距离也非常短，非常安全，即使在紧急制动的时候车辆行驶的方向仍然非常稳定；车辆的底盘悬架非常扎实，在制动过程中，基本'不点头'，我们的身体也没有离开座椅，座椅的抗滑性和包裹性非常出色，安全头枕可以防止车内乘员颈部扭伤。"

引　导	销售顾问话术
八、坏路通过	
让客户体验车辆在通过不平路面时乘坐的舒适性及方向稳定性	"×先生/女士，前面有一段正在施工的碎石不平道路，您可以感受一下我们车辆通过坏路时的乘坐感觉" "×先生/女士，我们车辆对悬架进行了精心调校，能很好地兼顾高速剧烈行驶的操控稳定性和通过这种坏路的舒适性，方向盘几乎不抖动，方向非常稳定；我们的车身刚性也非常好，刚才通过那段坏路时，您是否注意到车辆不会像有些车那样发出吱吱嘎嘎的异响；我们车辆底盘外使用了 PVC 材料和护板形成的底盘装甲，内部使用了高品质减震材料，您看，刚才路面有很多碎石，根本没有听到像其他车出现的碎石敲打底盘的声音。"
九、试驾前中途换手	
1. 行驶路线的告知	"我们将要行驶的路线大约××公里，在途中我还会及时提醒您的……"
2. 为顾客开车门、关车门，提示顾客调整座椅及方向盘的位置	"您觉得这个位置可以吗？驾驶座椅的调节开关在您左手边，方向盘需要调整吗？有没有压着膝盖？需要我帮忙吗？"
3. 提示顾客感觉驾驶座椅对身体的支撑	"座椅的支撑和包覆性还不错吧？"
4. 提示顾客调整内、外后视镜，观察后窗的视线	"您看一下后视镜，调节按钮就在您的左手边，后面的视野很宽阔吧？"
5. 提示顾客感觉触手可及的功能按键，并鼓励顾客亲自动手	"您看，您可以先将空调调到自己喜欢的温度，要听音乐吗？您挑一张自己喜欢的……"
6. 强调座椅对身体的侧面支撑和包裹性	"座椅对您侧面的支撑感觉怎么样？始终都被包裹在座椅的正中央，不像有些车在转弯时会偏离座椅，对吗？"
7. 留意顾客（尤其是没开过自动挡的）的手势，告知自动挡的操作方法	"停车时都是挂在 P 挡的，R 是倒挡，N 是空挡，开车时只要挂进 D 挡，用右脚控制油门和刹车就可以了……"
8. 提醒顾客放手刹车，并系好安全带	"都 OK 了吗？请您系好安全带，放掉手刹，我们可以上路了……"
十、注意事项	

少说话
多恭维
提醒行驶路线
注意安全驾驶
必要时以封闭式问题寻求认同
别忘了恭维他/她

4.1.2.3　试乘试驾后

（1）引导客户下车并进入洽谈区。下车前，检查车内有无客户遗漏物品；邀请客户进入展厅，到洽谈桌就座；提供客户所喜欢的饮料。

（2）导入成交。寻问客户对本次试驾是否满意，并请顾客填写《试乘试驾客户信息回馈表》；回顾试驾中展示的车辆性能，就顾客的抗拒点适时利用展车再次讲解，与客户达成共识；询问顾客订约意向，主动邀请客户成交。

（3）送别客户及跟踪分析。不论成交与否，感谢顾客试乘试驾；适当整理试驾车，以完好的车况交给下一位试驾人员；对顾客进行定期跟踪。

4.2　试乘试驾实操

4.2.1　实操内容

试乘试驾实操考核内容如表4-2所示。

表4-2　试乘试驾实操考核内容

项　目	考核点	备　注
试乘试驾	试乘试驾前准备与客户邀请	
	试乘试驾前流程说明	
	试乘试驾中的讲解与控制	
	试乘试驾后反馈	
设备操作与调整	车辆信息识别	
	灯光、雨刮等组合开关操作与调整	
	中控台各设备操作	
	座椅、门窗、空调等舒适、安全系统操作与调整	
	轮胎规格的识别	
	相关术语的使用评价	

【要求】

（1）精神面貌：礼仪规范，亲和力强，充满自信。

（2）肢体语言：姿态良好，眼神专注，手势运用恰当。

（3）实操结束后，注意用具摆放整齐，保持桌面及周围环境的整洁。

（4）每组出两位学员，扮演客户与销售顾问，并模拟试乘试驾的情景。

（5）销售顾问语言逻辑清晰，简明扼要，有影响力。

【训练】

题目1

王先生，单身贵族，想给自己选购一台功能性比较强的车型。国庆节期间跟朋友一起来到4S店，王先生听了销售顾问的车辆介绍，大大提高了对这款车的关注度。于是销售顾问马上邀约王先生试乘试驾，使王先生更深一步了解这款车的行驶性能，为车辆成交打下很好的基础。

姓名	王先生	性别	男
年龄	30岁	职业	公司主管
驾龄	3年	文化程度	本科
兴趣、爱好	上网、泡吧	家庭成员	单身
年收入	10万元	目前对车的了解度	有一些了解
对车型关注点	动力性、车辆配置、科技性		
竞品车型	欧、美、日三大车系任选一款		

题目2

马先生，某企业工程师，自己现有一辆车。想照顾夫人上下班接送小孩，家中需再增添一辆车。马先生和夫人通过再次来店，在销售顾问的引导下，对产品六个方位的特点有了初步了解。听了销售顾问的车辆介绍，马先生和夫人对车辆很感兴趣。于是销售顾问马上邀约马先生及夫人试乘试驾，使马先生及夫人更深一步了解这款车的行驶性能，为车辆成交打下很好的基础。

姓名	马先生	性别	男
年龄	38岁	职业	工程师
驾龄	3年	文化程度	研究生
兴趣、爱好	看书、打羽毛球	家庭成员	三口之家
年收入	20万元	目前对车的了解度	有一些了解
对车型关注点	经济型、空间及便利性、动力性		
竞品车型	欧、美、日三大车系任选一款		

题目 3

黄先生，企业中层干部，由于企业搞车辆改革，所以准备给自己买一台车。在同事的陪同下，进店咨询。销售顾问了解到客户对车辆的关注点。根据黄先生对车辆的关注点，销售顾问主动邀请黄先生及随行的同事试乘试驾，让客户加深对产品性能的了解。

姓名	黄先生	性别	男
年龄	35 岁	职业	企业中层
驾龄	4 年	文化程度	本科
兴趣、爱好	看书、踢球	家庭成员	三口之家
年收入	13 万元	目前对车的了解度	有一些了解
对车型关注点	便利性、经济性、价格		
竞品车型	欧、美、日三大车系任选一款		

题目 4

宋女士，某服装批发老板。从事工作 10 年，赚了不少钱。最近发现身边的很多朋友都开始买车，于是宋女士跟先生商量也想购一台车，方便上下班用，有时候也可以拉点货。夫妇俩听了销售顾问的车辆介绍。进一步提高了对这款车的关注度。于是销售顾问马上邀约客户试乘试驾。

姓名	宋女士	性别	女
年龄	35 岁	职业	服装批发
驾龄	1 年	文化程度	中专
兴趣、爱好	打麻将、看电视	家庭成员	三口之家
年收入	30 万元	目前对车的了解度	完全不了解
对车型关注点	配置、价格、空间		
竞品车型	欧、美、日三大车系任选一款		

题目 5

张先生，国家公务员，准备今年春节前结婚。想购买一台轿车，准备婚后使用，在朋友的推介下，20 分钟后来到了店里。张先生听了销售顾问对车辆的介绍，对这款车很感兴趣。销售顾问立刻安排客户试乘试驾，为成交做更好的铺垫。

姓名	张先生	性别	男
年龄	28 岁	职业	公务员
驾龄	2 年	文化程度	中专
兴趣、爱好	打网球、上网	家庭成员	目前单身
年收入	9 万元	目前对车的了解度	一般性了解
对车型关注点	颜色、动力、空间		
竞品车型	欧、美、日三大车系任选一款		

4.2.2 实操考核

测试一：试乘试驾流程考核内容如表 4-3 所示。

表 4-3 试乘试驾流程考核内容

考核内容	配分	考核点	扣分	得分
礼仪	10	着装规范、手势合理、表情自然、语言流畅、姿势到位，符合商务接待礼仪规范（每项 2 分）		
试乘试驾前	20	未主动邀请试乘试驾扣 10 分；未能向客户讲解两条试驾路线扣 5 分，未让客户在多条线路中做出选择扣 5 分		
试乘试驾中	20	试驾时，未让客户体验，未指出客户关注的车辆动力、刹车、操控、隔音效果、空调等主要性能及优点（少介绍一项扣 5 分）。试驾时，不能消除客户疑虑扣 5 分；未结合竞品对比指出车辆的优势扣 10 分		
试驾讲解后	10	试驾后，未征求客户对车辆的感受扣 10 分		
语言表达	15	口齿不清晰、不流畅扣 4 分；内容无条理、不富逻辑性扣 2 分；用词不准确、不恰当、没有分寸扣 2 分；语音、语调、语气不得当扣 2 分		
应变能力	15	有压力状况下思维反应敏捷；情绪稳定，考虑问题周到		
创新意识	10	创新的思维方式；处理问题的创造性方法		
总分	100	得分		

测试二：驾驶舱等相关设备操作考核内容如表 4-4 所示。

表 4-4 驾驶舱设备操作与调整考核内容

考核内容	配分	考核点	扣分	得分
礼仪	10	着装规范、手势合理、表情自然、语言流畅、姿势到位，符合商务接待礼仪规范（每项 2 分）		
遥控钥匙开启车门	5	不能正确操作遥控钥匙或是无钥匙进入系统的扣 5 分		

续表

考核内容	配分	考核点	扣分	得分
灯光的操作	5	不能识别近光灯、示宽灯、远光灯、前后雾灯、警告灯的扣1分，不能向客户介绍其功能的扣2分，不能完成上述灯光组合操作的扣2分		
雨刮器的操作	5	不能识别玻璃雨刮器开关的扣1分，不能向客户介绍其功能的扣2分，不能完成玻璃喷水位置调整的扣2分		
方向盘的操作	5	不能识别方向盘调整杆的扣1分，不能向客户介绍其功能的扣2分，不能完成方向盘前后上下调整的扣2分		
四门玻璃升降的操作	5	不能识别玻璃升降按钮的扣1分，不能向客户介绍其功能的扣2分，不能完成四门玻璃升降及相关功能的扣2分		
左右后视镜的操作	5	不能识别左右后视镜调节按钮的扣1分，不能向客户介绍其功能的扣2分，不能完成左右后视镜8方位调节、电动折叠和加热的扣2分		
座椅位置调整的操作	5	不能识别座椅位置调整按钮的扣1分，不能向客户介绍其功能的扣2分，不能完成座椅相关功能调节的扣2分		
前机关盖、后备箱开启的操作	5	不能识别相关按钮的扣1分，不能向客户介绍其功能的扣2分，不能完成相关开启操作的扣2分		
空调的操作	5	不能识别空调相关按钮的扣1分，不能向客户介绍其功能的扣2分，不能完成相关按键操作的扣2分		
音响的操作	5	不能识别音响系统相关按钮的扣1分，不能向客户介绍其功能的扣2分，不能完成相关按键操作的扣2分		
天窗开启的操作	5	不能识别天窗开启相关按钮的扣1分，不能向客户介绍其功能的扣2分，不能完成相关按键操作的扣2分		
四门开启及儿童锁的操作	5	不能识别相关按键的扣1分，不能向客户介绍其功能的扣2分，不能完成相关按键操作的扣2分		
轮胎规格识别	5	不能识别轮胎规格的扣3分，不能向客户介绍其功能的扣2分		
其他按键及功能的识别与介绍	25	不能向客户介绍其功能的扣20分，如 ABS、EBD、VDC、TCS、EBA、HAS、HDC、YMC、BLSD、ASCD 等，不能识别按键的扣5分		
总分	100	得分		

附：车内设备名称与调节

下面就以车间里的 YQVW 和 DFRC 生产车型为大家说明汽车各按键的名称、功能及调节方法，由于各车系的这些名称和功能大同小异，所以，掌握其中一个车系的各按键和功能的调节，其他车系也就一目了然了。

一、外观
外观含汽车正前方和汽车后方两部分。

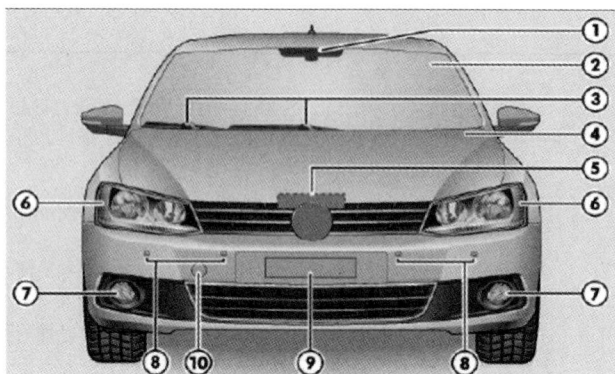

图4-4　汽车正前方各部件及名称

汽车正前方各部件如图4-4所示，名称说明如下：

①后视镜底座上的雨量传感器。

②挡风玻璃。

③前风挡玻璃刮水器。

④发动机舱盖。

⑤发动机舱盖解锁拨杆。

⑥前大灯组合（含示宽灯、转向灯、近光灯和远光灯）。

⑦前雾灯或转弯照明灯。

⑧前部驻车距离报警的传感器。

⑨前部牌照保持架。

⑩盖板后的前部牵引环安装孔。

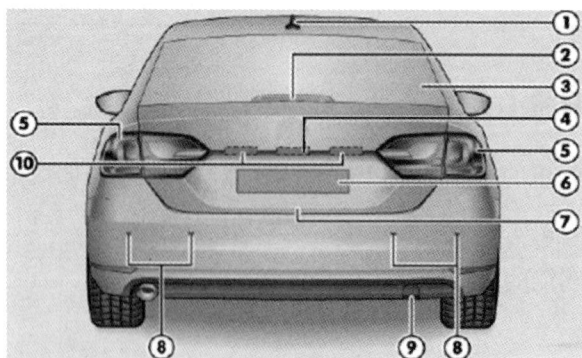

图4-5　汽车后方各部件及名称

汽车后方各部件如图 4-5 所示，名称说明如下：

①车顶天线。

②高位制动信号灯。

③后窗玻璃。

④用于打开行李箱盖的按钮。

⑤尾灯。

⑥后部牌照保持架。

⑦行李箱盖。

⑧后部驻车距离报警的传感器。

⑨盖板后的后部牵引环的安装孔。

⑩牌照灯。

二、车门

车门各部件如图 4-6 所示，名称说明如下：

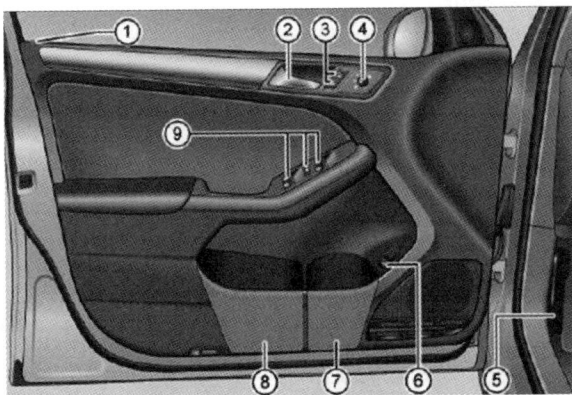

图 4-6　车门各部件及名称

①防盗报警装置或安全锁止装置的指示灯。

②车门开启拉手。

③用于汽车闭锁和解锁的中央门锁按钮 🔒 - 🔓。

④用于调整车外后视镜的按钮 **L - 0 - R** (含左右后视镜电动折叠、加热等功能)。

⑤发动机舱盖锁开启手柄。

⑥行李箱盖锁开启按钮 🚗（TL 的行李箱锁开启按钮位于仪表盘下方）。

⑦饮料瓶存放区。

⑧储物舱。

⑨电动车窗升降器操作按钮（前后部车窗升降按钮）上拉或下压 🚗 🚗 。
如图 4-7 所示。

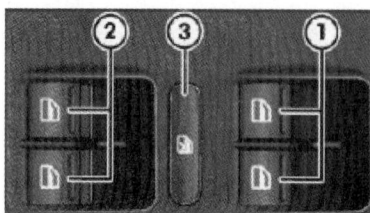

图 4-7　电动车窗升降器

电动车窗升降器名称说明如下：

①前车门电动车窗按钮。

②后车门电动车窗按钮。

③安全按钮。按下安全按钮后停用后车门内的车窗升降器按钮。这时按钮中的黄色指示灯点亮。

左、右后车门侧的儿童安全锁如图 4-8 所示。

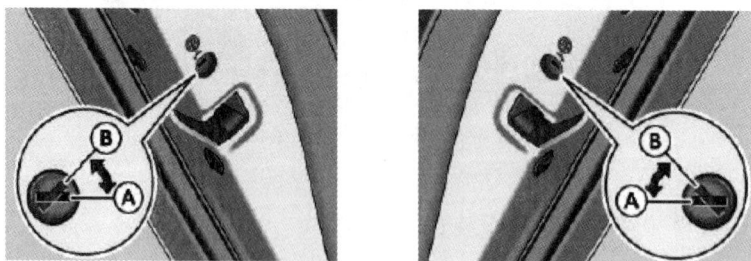

图 4-8　儿童安全锁示意图

Ⓐ 关闭儿童安全锁；Ⓑ 打开儿童安全锁。

三、驾驶室

驾驶室各部件如图 4-9 所示，名称说明如下：

图 4-9　驾驶室各部件及名称

①车灯开关 ☀；车灯关闭 -0-；日间行车灯 ⅅ；自动行车灯控制 -AUTO-；示宽灯和近光灯 ⊃⊂ ⅅ；前后雾灯 ⅃⊃ ⊂⅃。

②仪表盘亮度调节器。

③大灯照明距离调节器。

④左操纵杆主要控制远光灯 ⅅ，前照灯闪光器 ⅅ，转向信号灯 ↔，定速巡航系统 ON - CANCEL - OFF - RES/+ - SET/-。

⑤多功能方向盘操作组件包括收音机、导航播报或电话通话的音量设置 🔊 - 🔊；调出电话主菜单或接听电话 📞；用于操作 VW 汽车信息系统的按钮 🏠 - △ - ▽ - 🔲、OK、↩。

⑥组合仪表。

⑦右操纵杆，也是前风挡刮水器和清洗器的操纵杆，包括前风挡刮水器 ⊽ HIGH - LOW；间歇刮水 ▪▪▮▮；点动刮水 1x；刮水和清洗功能 🔲。

⑧点火开关。

⑨离合器、刹车和油门踏板。

⑩驾驶员正面安全气囊（AIRBAG）。

⑪可调式转向柱调整手柄。

⑫喇叭。

⑬保险丝盒盖板。

四、中控台上部

中控台上部的部件如图 4-10 所示，名称说明如下：

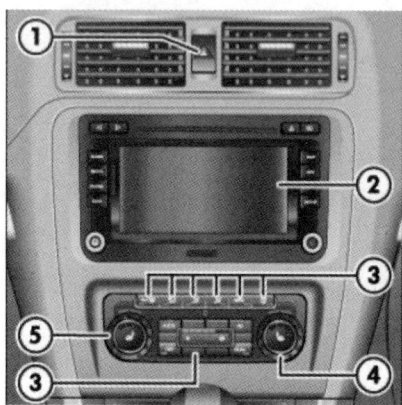

图 4-10　中控台示意图

①危险警报灯按钮 ⚠ 。

②收音机或导航系统显示屏。

③空调操作元件。

④右侧座椅加热的调节器 🪑 。

⑤左侧座椅加热的调节器 🪑 ，如图 4-11 所示。

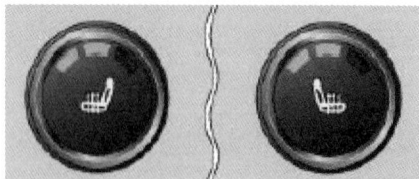

图 4-11　座椅加热调节器示意图

打开点火开关后方可电加热座椅坐垫。某些型号的座椅，还能对座椅靠背进行加热。按压按钮 🪑 或反复按压按钮 🪑 具有打开、调节或关闭座椅加热功能。

五、中控台下部

中控台下部的部件如图 4-12 所示，名称说明如下：

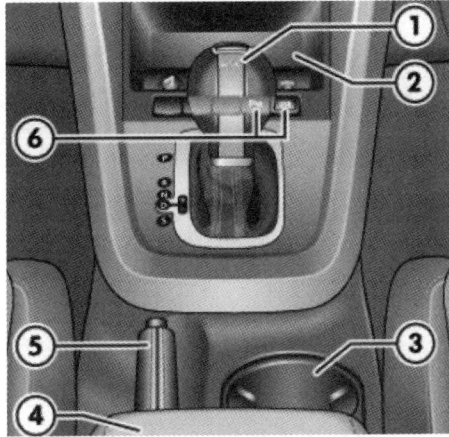

图 4-12　中控台下部示意图

①手动或自动变速箱操纵杆。

②杂物箱、烟灰缸、点烟器、12V 电源插口，如图 4-13 所示。

③中控台中的饮料罐托架。

④内有杂物箱的前部中央扶手。

⑤手制动器拉杆。

⑥驻车距离警报、智能泊车、Autohold 等按钮。

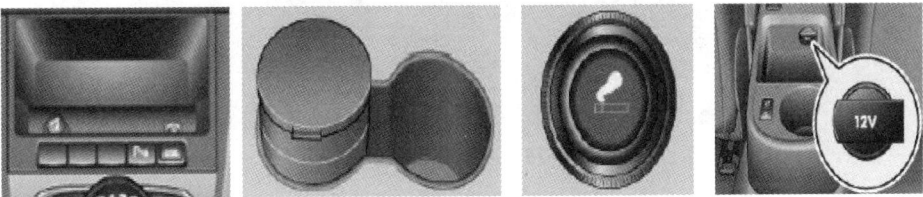

图 4-13　杂物箱、烟灰缸、点烟器和电源插口示意图

六、前排乘客侧杂物箱

前排乘客侧杂物箱各部件如图 4-14 所示，名称说明如下：

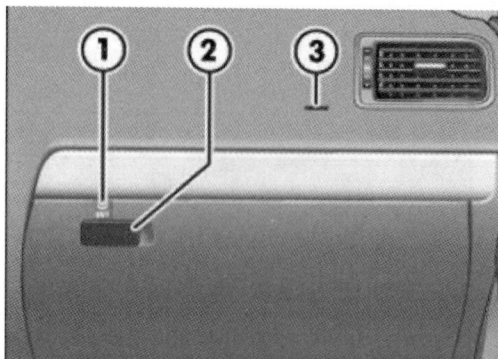

图 4-14 前排乘客侧杂物箱示意图

①杂物箱内：轮胎监控指示按钮(!) SET 。

②杂物箱开启拉手。

③前排乘客正面安全气囊在仪表板内的安装位置。

七、车顶内衬上的符号

1. 车顶眼镜盒

车顶眼镜盒如图 4-15 所示。

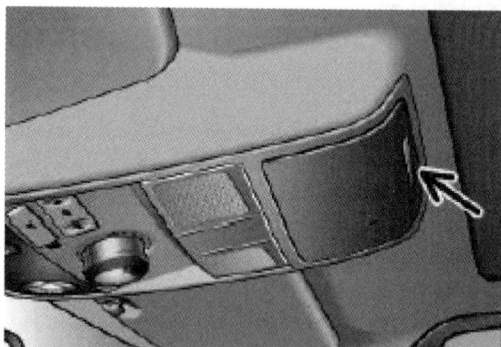

图 4-15 车顶眼镜盒示意图

2. 滑动、外翻式天窗按钮

天窗调节按钮如图 4-16 所示：

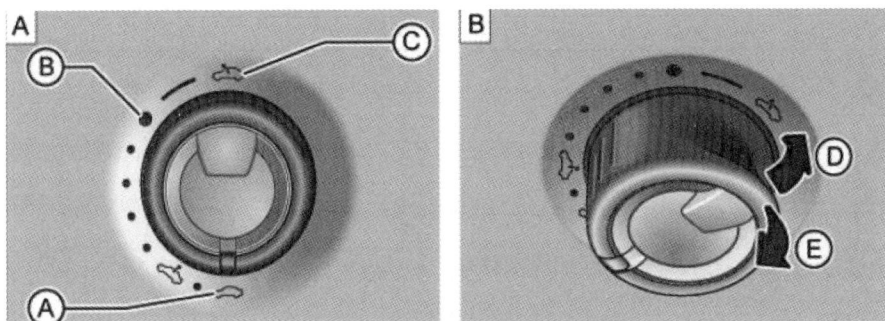

图 4-16　天窗调节按钮示意图

A 图——转动开关以打开或关闭天窗。

B 图——按压或下拉开关，以外翻、降低或关闭天窗。

3. 车内照明灯和阅读灯

＜ 打开或关闭阅读灯。 ＜ 打开车内照明灯。 () 关闭车内照明灯。 ▱ 打开门控开关（中间位置）。在汽车解锁时、打开某个车门时或从点火开关中拔出汽车钥匙时，车内照明灯自动接通。在关闭所有车门几秒钟后、将汽车锁止或打开点火开关时，车灯自动熄灭。

八、组合仪表

组合仪表盘的各种符号说明如表 4-5 所示。

表 4-5　组合仪表说明

(P)	手制动器已拉紧		前轮制动摩擦片磨损过度
(!)	制动液液位过低或制动系统故障		点亮：ESP 有故障或受系统所限已关闭；闪烁：ESP 或 ASR 在调
	发动机冷却液液位过低	(ABS)	ABS 有故障或失效
	发动机机油压力过低		后雾灯已点亮
▱	至少有一扇车门开启或未正确关闭		前雾灯已点亮
	发动机舱盖已打开或未正确关闭		行车灯部分或完全失灵
	行李箱盖已打开或未正确关闭		点亮或闪烁：尾气催化净化器有故障

	转向系统有故障	EPC	发动机控制单元有故障
	驾驶员或前排乘客未系上安全带		车窗玻璃清洗液液位过低
	发电机故障		油箱需加燃油
	远光灯已接通或正在操作前照灯闪光器功能		踩制动踏板
	安全气囊系统和安全带拉紧系统有故障		定速巡航系统工作

九、座椅的操作

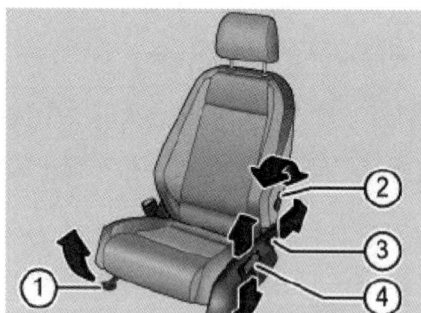

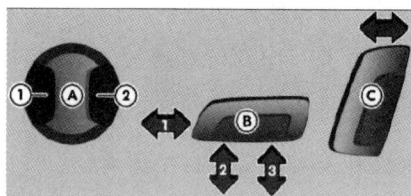

图 4-17　电动座椅调整方向示意图（左）电动座椅调整按钮示意图（右）

1. 手动调节

图 4-17（左）中：①座椅向前或向后移动；②调节腰部支撑；③调节座椅靠背；④调节座椅高度。

2. 电动调节

图 4-17（右）中：A 调节腰部支撑；B 坐垫调整；C 座椅靠背调整。

十、拆卸和安装头枕

所有座椅都配备有头枕。后排座椅，见图 4-18（右），中间头枕是专为后排中间座椅设计的，因此该头枕不得安装到其他座椅上。按住按钮①，同时将头枕完全拉出。

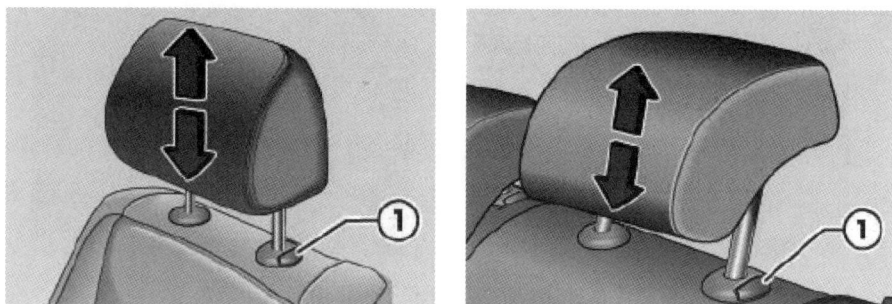

图 4-18　拆卸前排座椅头枕（左）　　拆卸后排座椅头枕（右）

十一、方向盘位置调整

方向盘位置调整如图 4-19 所示，向下翻转操纵杆①，方向盘即可按图示方向调节，完毕后，用力向上推操纵杆，直到其与转向柱齐平为止。

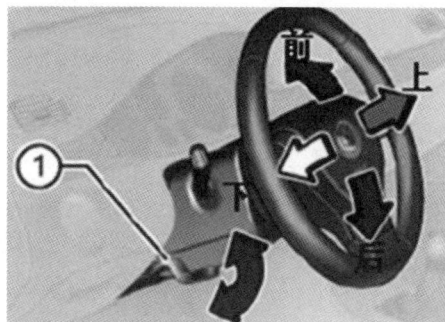

图 4-19　机械调整方向盘位置示意图

十二、中央扶手的调节

前排座椅中间扶手内有一个杂物箱，见图 4-20（左），后排中间扶手可从后座长椅中间座椅的靠背内翻出，见图 4-20（右）。翻下中间扶手后，打开直通装载孔，见图 4-21（左），向前翻转中间扶手。向下按压解锁按钮Ⓐ；将直通装载孔的盖板向行李箱内翻转Ⓑ。后排中间扶手中杯托，见图 4-21（右）。

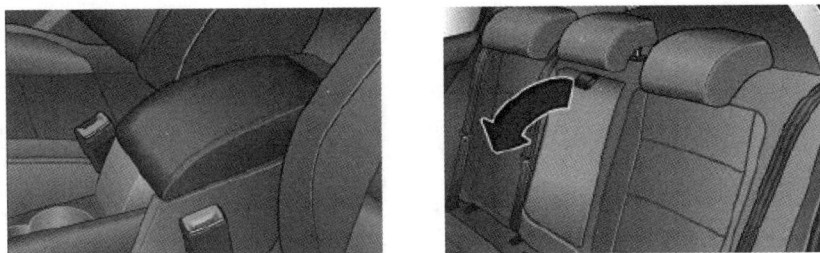

图 4-20　前排中间扶手示意图（左）　后排中间扶手示意图（右）

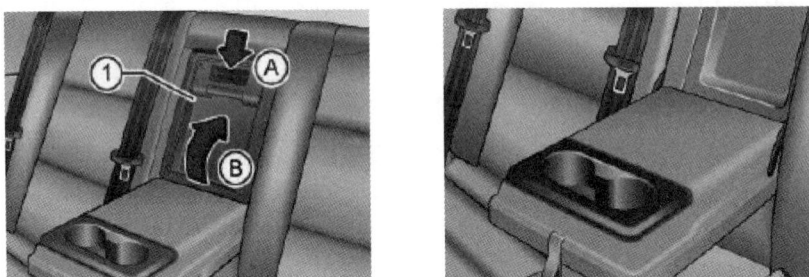

图 4-21　后排直通装载孔示意图（左）　后排中间扶手杯托示意图（右）

十三、安全带的使用

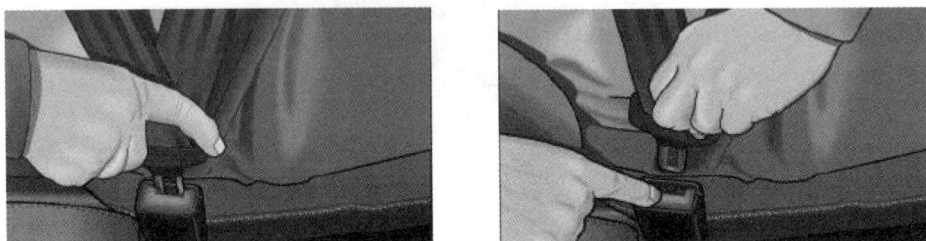

图 4-22　安全带锁止示意图（左）　安全带锁开示意图（右）

将安全带锁舌插入锁扣中，见图 4-22（左），从安全带锁扣中松开锁舌，见图 4-22（右）。

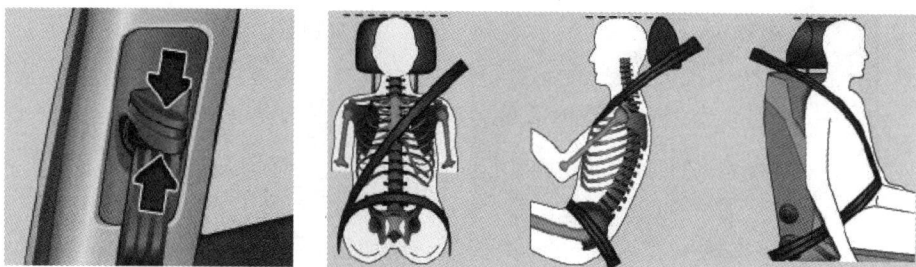

图 4-23 安全带高度调整示意图（左） 安全带正确走向示意图（右）

前排座椅旁：安全带高度调整机构，见图 4-23（左）；安全带正确走向，见图 4-23（右）。

十四、大灯高度调节、仪表盘亮度调节

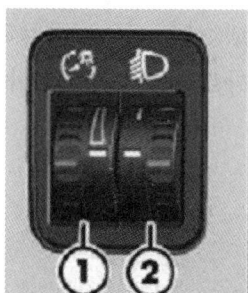

图 4-24 仪表盘亮度，大灯高度调节组合按钮示意图

在图 4-24 中，①为仪表盘亮度的调节器；②为大灯高度调节的调节器。打开前照灯后，可通过转动来调节。

十五、车内后视镜防炫目调节

正确调整车内后视镜，可保证通过后窗玻璃向后有清晰的视野。图 4-25（左）手动调节；图 4-25（右）可通过车内后视镜上的开关 ②打开和关闭自动防炫目功能。打开自动防炫目功能后，指示灯①点亮。打开点火开关后，在有后部光线射入时，传感器③自动根据环境亮度和入射光线强度调暗车内后视镜。挂入倒车挡或接通车内照明灯或阅读灯时，会关闭自动防炫目功能。

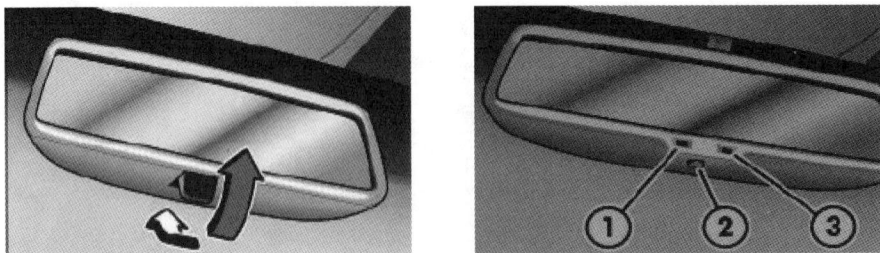

图 4-25　车内后视镜手动调节示意图（左）　车内后视镜电动调节示意图（右）

十六、车外后视镜调节

在驾驶员侧车门内，电动车外后视镜旋钮（如图 4-26 所示）。🖳 电动折叠车外左右后视镜；░ 接通车外后视镜加热装置。只在环境温度低于 +20 ℃ 时方加热。Ｌ 调整左侧车外后视镜，前、后、左、右推旋钮即可将后视镜调整至合适位置。Ｒ 调整右侧车外后视镜，前、后、左、右推旋钮即可将后视镜调整至合适位置。Ｏ 调整中间位置。打开车外后视镜，关闭车外后视镜加热器，不能调整车外后视镜。

图 4-26　车外左右后视镜电动调节示意图

十七、车灯的操作

车灯操作如图 4-27 所示，说明如下：

①打开右侧转向信号灯，在点火开关已关闭的情况下，将操纵杆从中间位置上拨即可打开右侧驻车灯。

②打开左侧转向信号灯，在点火开关已关闭的情况下，将操纵杆从中间位置下拨即可打开左侧驻车灯。

③打开远光灯。

④操纵前照灯闪光器或关闭远光灯，只要拉动操纵杆，便会执行前照灯闪光器功能，与此同时仪表盘指示灯 ᴇᴅ 点亮。

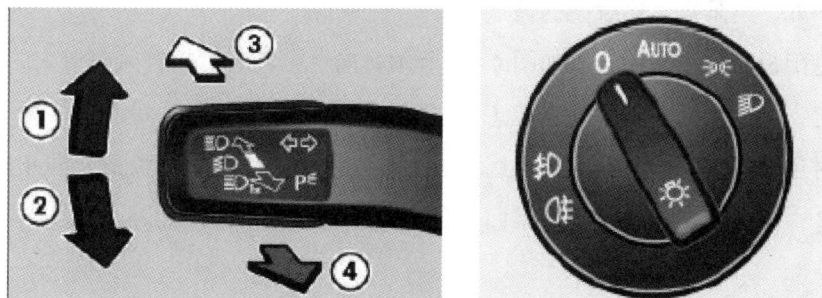

图 4-27　灯光调节示意图

图 4-27 右图中的灯光调节按顺时针旋转到相应位置或拨起，相应的灯光调节就会打开。依次旋转：0 灯光关闭，auto 灯光自动开启，示宽灯和近光灯；到 ᴇᴅ ᴏ≢ 这两个位置拨起旋钮，前、后雾灯打开。

十八、前风挡雨刮器调节

前风挡雨刮器调节如图 4-28 所示，说明如下：

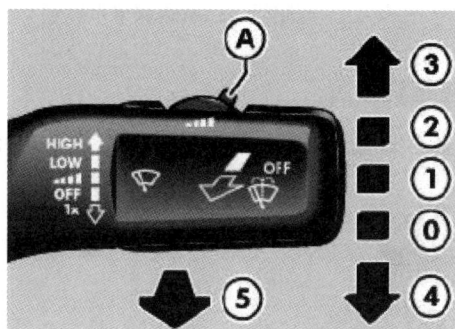

图 4-28　雨刮器调节示意图

⓪前风窗玻璃刮水器已关闭。

①对挡风玻璃进行间歇刮水。

②慢速刮水。

③快速刮水。

④点动刮水也叫短促刮水。将操纵杆向下长时间按住，以快速刮水。

⑤ 🔧 拉住操纵杆时启动刮水和清洗自动功能，清洁挡风玻璃。

Ⓐ调节刮水间隔时间（不带雨量传感器的汽车）或调节雨量传感器的灵敏度。

十九、遮阳板、化妆镜的调节

遮阳板、化妆镜的调节如图 4-29 所示，向下翻转，遮挡自风窗射入的阳光。从固定支架中拉出并向车门翻转①，遮挡自门窗射入的阳光，将遮阳板置于车门位置时还可将其向后拉伸。翻下遮阳板后可发现盖板后有一化妆镜。推开化妆镜盖板②，可能会点亮照明灯。推回并合上盖板或将遮阳板向上翻回原位则照明灯熄灭。

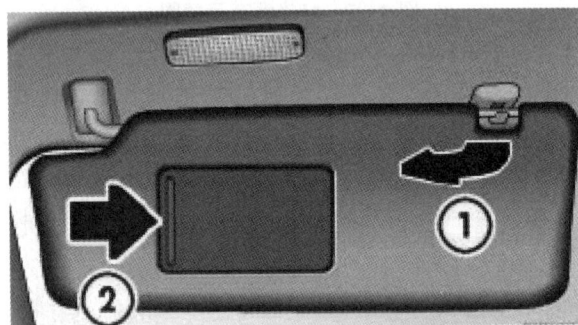

图 4-29　遮阳板、化妆镜调节示意图

二十、自动变速箱挡杆位置

自动变速箱挡杆位置如图 4-30 左图所示，使用说明如下：

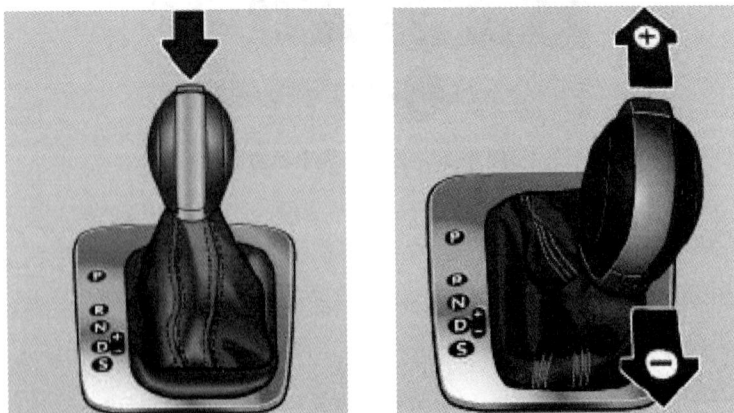

图 4-30　变速箱挡杆调节示意图

P 驻车锁止挡位,变速杆在该位置时驱动轮被机械锁止。汽车停住时才可挂入。变速杆退出该位置时,须踩下制动踏板,并打开点火开关。

R 倒车挡位,挂入倒车挡。汽车停住时才可挂入。

N 空挡位置,变速箱处在空挡位置。此时无动力传递到车轮,并且不能利用发动机制动功能,所以,自动挡车行驶过程中不能挂入该挡位。

D 前进挡位置(常规换挡程序),变速箱在发动机转速范围内自动加减挡。换挡点取决于发动机负荷、驾驶员的驾驶方式及车速。

S 前进挡位置(运动换挡程序,如图 4-30 右图所示,变速箱在比 D 挡高的发动机转速范围内自动加减挡,充分利用发动机的动力。换挡点取决于发动机负荷、驾驶员的驾驶方式及车速。

二十一、前机关盖的开启

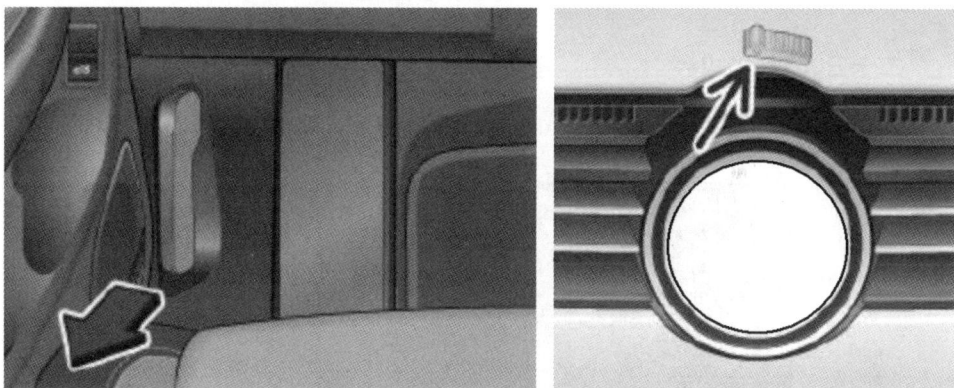

图 4-31 发动机舱盖开启示意图

前机关盖的开启操作:驾驶员侧脚部空间内如图 4-31 左图所示,用于发动机舱盖解锁的拨杆;散热器格栅中如图 4-31 右图所示,用于打开发动机舱盖的解锁拨杆。

二十二、轮胎规格

轮胎规格如图 4-32 所示。

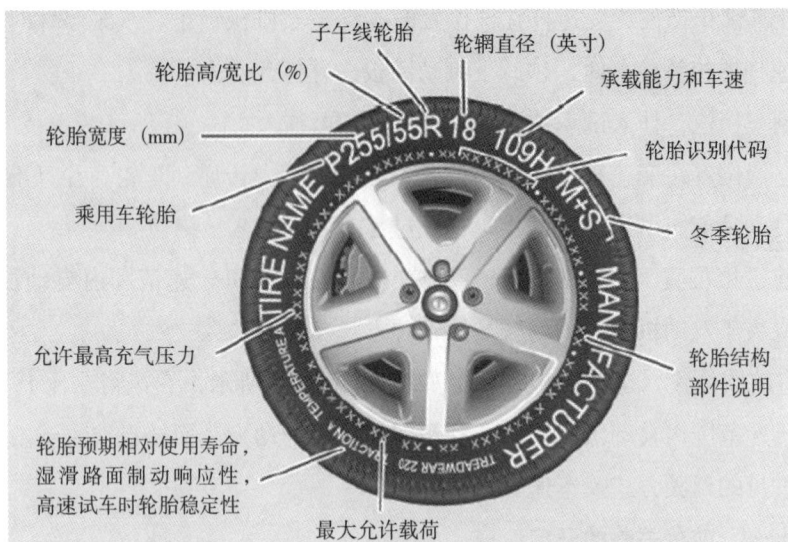

图 4-32　轮胎规格示意图

二十三、TL 中控台

TL 中控台按钮如图 4-33 所示，使用说明如下：

图 4-33　TL 中控台按钮示意图

①空调鼓风机速度控制盘关键。

②前除雾器按钮。

③自动操作按钮。

④驾驶员侧空调温度控制。

⑤安全警示灯开关。

⑥空调 ON/OFF 按钮。

⑦后窗除雾器按钮。

⑧CD 出碟按钮。

⑨收音机电台或 CD 碟片选择按钮。

⑩AM、FM 选择按钮。

⑪电源开关/音量控制。

⑫DISC（光盘）按钮。

⑬显示时钟。

⑭AUTO.P 按钮。

⑮返回按钮。

⑯空气内循环按钮。

⑰通风模式选择按钮。

⑱副驾驶侧温度控制按钮。

⑲双温控制按钮。

⑳外界空气循环按钮。

㉑LOAD（CD 装载）按钮。

㉒AUX 按钮。

㉓收音机、文件夹、音响控制旋钮。

㉔AUX IN（系统声音输入）。

㉕FF（快进）/ TRACK 曲目按钮。

㉖REW（快退）/ SEEK 按钮。

TL 液晶屏按键功能如图 4-34 所示。

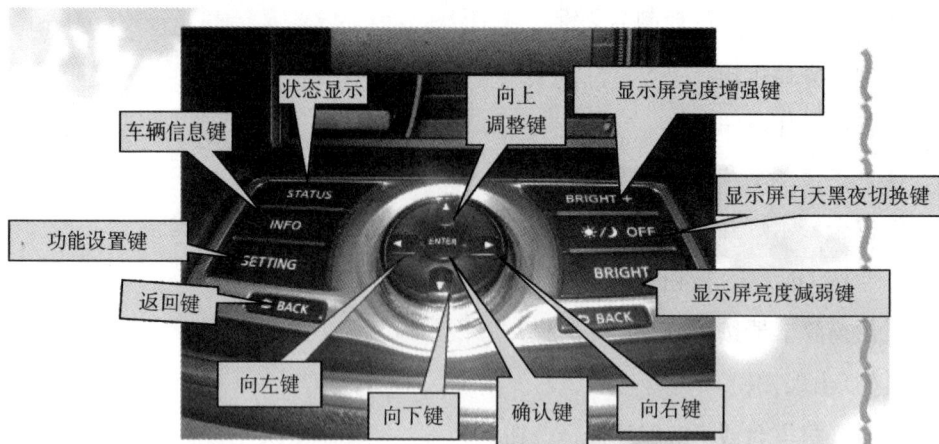

状态显示
向上调整键
显示屏亮度增强键
车辆信息键
STATUS
功能设置键
INFO
显示屏白天黑夜切换键
SETTING
ENTER
返回键
BACK
BRIGHT
显示屏亮度减弱键
BACK
向左键
向下键
确认键
向右键

图4-34 TL液晶屏按键功能示意图

TL中控台娱乐区域按键如图4-35所示。

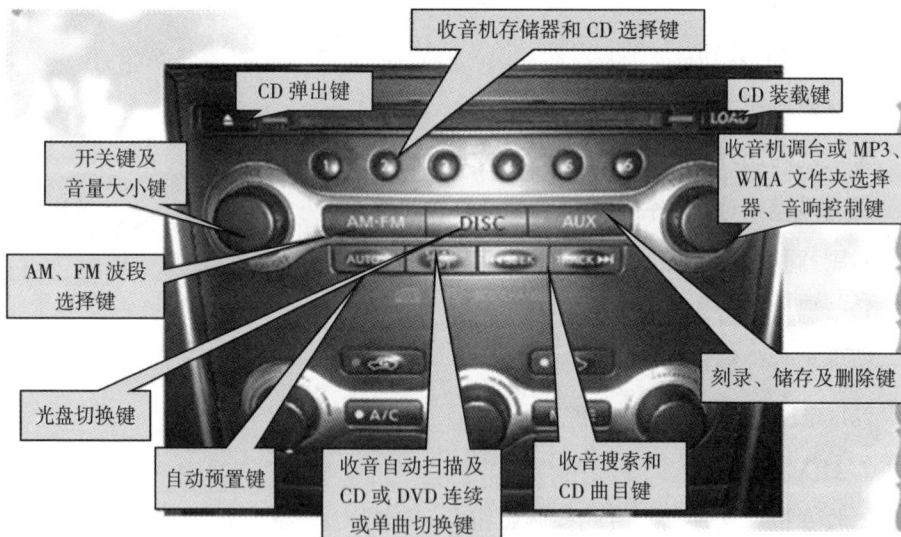

收音机存储器和CD选择键
CD弹出键
CD装载键
开关键及音量大小键
收音机调台或MP3、WMA文件夹选择器、音响控制键
AM-FM
DISC
AUX
AM、FM波段选择键
光盘切换键
刻录、储存及删除键
自动预置键
收音自动扫描及CD或DVD连续或单曲切换键
收音搜索和CD曲目键

图4-35 TL中控台娱乐区域按键示意图

TL中控台空调区域按键功能如图4-36所示。

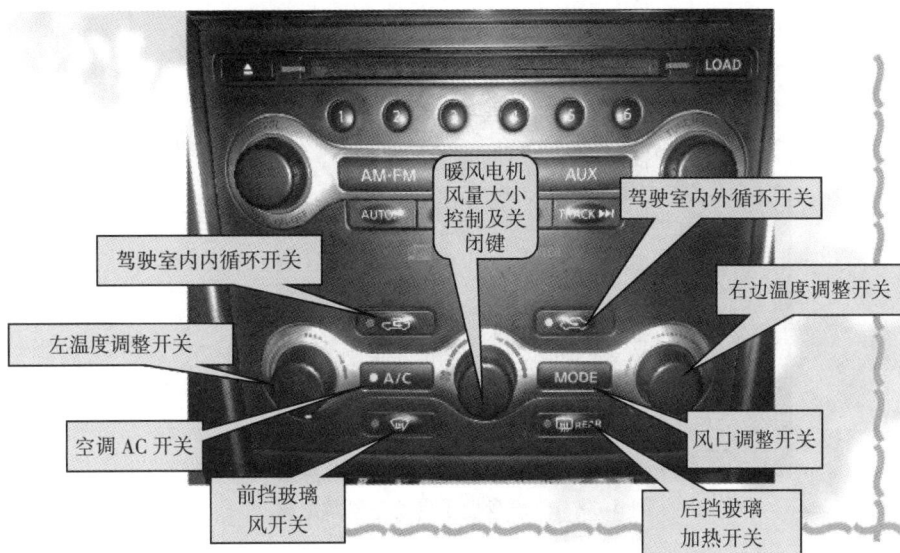

图 4-36　TL 中控台空调区域按键功能示意图

二十四、方向盘各控制键

方向盘各控制键功能如图 4-37 所示。

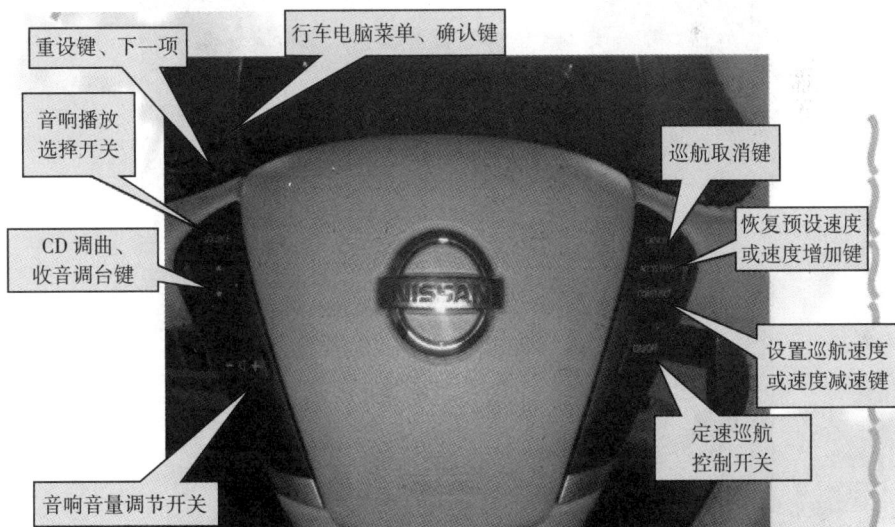

图 4-37　TL 多功能方向盘按键功能示意图

二十五、仪表盘菜单显示说明

仪表盘菜单显示说明如图 4-38、图 4-39、图 4-40、图 4-41、图 4-42、图

4-43、图 4-44、图 4-45、图 4-46 所示。

图 4-38　仪表盘提示启动车辆示意图

图 4-39　仪表盘显示油耗示意图

图 4-40　仪表盘显示油耗、时速示意图

图 4-41 仪表盘显示行驶时间、行驶里程示意图

行驶时间和行驶里程

图 4-42 仪表盘显示续航里程示意图

续航里程

图 4-43 仪表盘显示室外温度示意图

室外气温

图 4-44 仪表盘设置行车电脑示意图

图 4-45 仪表盘提示驻车示意图

图 4-46 仪表盘提示无智能钥匙示意图

任务 ⑤ 缔约成交

【学习目标】

● 掌握缔约成交的流程

【学习重点】

● 车辆相关保险的计算

● 车辆相关的精品名称

● 车辆贷款费用的计算

● 购车相关费用的计算

● 新车办牌流程及费用

【学习难点】

● 模拟演练相关情景

【任务导入】

S：销售顾问　A：收银员　C：客户　Sa：售后服务顾问　Sm：销售经理

S：×先生，×太太，刚才通过试乘试驾，相信两位对 XX 的功能、特点已经有所了解。您看咱们是不是可以根据二位的需要详细谈一谈配置和选装精品这些细节问题呢……×先生，刚才通过对两位购车需求的了解，我觉得 XX 豪华型和尊贵型都比较符合你们的需要。但是考虑到您夫人也会经常开，豪华型的可视泊车影像可能更方便女性驾驶。还有您刚才关注过的智能泊车辅助系统和 Keyssy 智能钥匙，一键启动系统，也是豪华版所具有的，既时尚又方便。因此，我觉得豪华型可能更加适合你们，您看呢？（此时，我们应为客户讲解可选的排量或型号，指出这些配置如何符合客户的需求，并根据库存以及客户品位和个性来选择推荐的配置）

C：你觉得哪个配置合适？（×先生手里拿着产品型录对×太太说）

C：我觉得吧，我也比较喜欢豪华型。（×太太手里拿着产品型录对×先生说）

C：嗯，我也倾向于这款。（×先生对着S说）

S：好的，那么二位对车身的颜色有什么要求呢？

C：展区的那辆XX是什么颜色？我觉得还不错。（×太太说）

S：×太太，那款琥珀金，琥珀金贵气而成熟，您的眼光不错。不过个人觉得×先生作为商务人士，可能更需要给人一种稳重的感觉。你们不妨可以考虑一下反射银，反射银低调、内敛、沉稳（指向产品型录）。这个就是反射银的色彩样板，您看一下。

C：这个也很漂亮啊。

S：一会儿我带您看一下实车，眼见为实才更有感觉。

C：好的。

S：×先生，×太太，除了车身的色彩，您二位对内饰有什么要求呢？

C：我喜欢纯黑的内饰，尤其喜欢黑色皮毛一体的座椅。

S：好的，×先生。

C：你说的这款颜色的车有现车吗？

S：XX豪华型反射银，目前有一台现车。另外，×先生，我们目前可以提供二手车置换。如果您打算换购的话，我也可以为您介绍一下二手车置换的情况。

C：我这辆车开了4年多，各方面还不错。再开上几年应该不会有什么问题吧？

S：确实如此。不过，×先生，无论从使用频率、使用年限和里程、后续维修费用，还是相对应的估价对比，我觉得您都可以考虑一下进行二手车的置换。

我可以让我们最专业的二手车业务经理为您详细介绍。

C：嗯，对于这个回头再说吧。

C：（×太太说道）这个价格还有没有商讨空间呢？

S：×太太，我理解您的想法。二位也知道，我们的产品，一向以价格恒定、价值超值著称。在高性价比的产品之外，专业的服务也是我们的优势。同时，我们的系列产品，是同级二手车市场上表现最为突出的。正是这些因素，保证了我们的产品价值稳定。您二位可以放心。没有人能以比这个更低的价格买走这辆车。

C：好的，我考虑一下。

S：×先生，我再给您介绍一下车险。我们提供了几大公司的机动车辆保险。包括交强险、第三者责任险和车辆损失险。附加险包括车身划痕险、自燃损失险，不计免赔特约险以及其他险种等，您的情况我建议您保……

C：嗯。

S：×先生，您打算全款购车还是贷款购车呢？

C：我想一次性付款。

S：×先生，我知道对于您这样的商务人士来说，购车的款项一般都不会有什么压力。但实际上贷款购车不仅限于此。选择贷款购车，等于用部分车款进行合理化的投资，收益率要比全款收益高。个人觉得这是一种理性的消费观念。而且我们提供了多种贷款方案，我可以为您介绍一下……我们这里有销售专员，也会为您提供最专业的贷款保险介绍。（寻找交叉销售的机会，主动推荐二手车、保险、贷款等业务，向客户说明好处，交代相关业务政策，为客户提供合理化建议。）

C：这样吧，你给我做两种报价。一个全款一个贷款，然后我看一下。

S：报价单我已经做好了，两位看一下（将报价单递向两位客户）。这其中包括车架、贷款、车险，选装精品价格。还有购置税和上牌费，我为您二位详细说明一下。

C：（×太太说道）贷款看起来也不错啊。（×先生说道）这样吧，我们回去商量一下。

S：×先生、×太太，汽车属于大宗消费品，入手之前肯定要经过全面衡量，我理解你们的顾虑。如果今天能够订购，我可以向领导申请额外附件精品赠送。而且这款车也比较紧张，你不妨考虑一下。

C：小×，感谢你的介绍，但是今天我们还是回去考虑一下，然后再谈。

S：好的，×先生，请问对于XX您还有什么需要了解的吗？

C：暂时没有，今天先到这里吧，如果有了决定我会跟你联系。

S：非常感谢您二位今天的光临。×先生、×太太，如果有什么问题，可随时给我打电话。关于XX的购买，你们可以全面衡量一下。我明天下午再跟您联系，您看可以吗？（主动询问客户还需要提供哪些服务，然后向客户说明接下来的步骤，包括多久会联系客户，在告别前要向客户确认联系时间和方式）

C：好的。

1天后，打电话后续服务跟进

S：×先生，下午好！我是XX销售顾问××。您现在方便讲话吗？周日的时候您和您太太在我们展厅看了XX，请问您现在需要了解其他信息吗？（了解客户暂时不想成交的原因，针对原因进行解决）

C：对于XX的功能和品质我还是很满意的。不过考虑到油耗问题，这方面可能日系车做得更好一些。

S：我明白您的想法×先生，汽车入手以后需要长期的燃油消耗。这是一个很实际的问题，日系车在这方面的确不错。不过XX在这方面也不逊色，我可以就您感兴趣的YY作一个简单的对比。根据工信部发布的市区工况油耗对比。XX的百公里平均油耗为xx，而YY的油耗为yy，综合来看XX在油耗方面的表现还是占上风的。

C：还有一点，XX比日系车的保养费用贵一些吧？

S：×先生，同级别日系车型，保养周期在5000公里，我们XX首保5000公里，之后每隔10000公里保养，您说哪个更便宜一点呢？

C：嗯，有道理。其实我也是倾向于XX。毕竟ZZ用了这么长时间，对于你们还是有一定了解的。

S：是的，×先生，XX无论外形还是动力性操控性、舒适性，在同级别车当中都是出类拔萃的。通过昨天的车型介绍及试乘试驾。我想您一定对 XX 也有了充分的了解和感受。同时我个人感觉 XX 也非常符合您和您太太的需求和品质。

C：确实不错，昨天回家后我太太对 XX 非常满意。我也与之前看的其他品牌的车对比了一下，也还是倾向于 XX。现在我想知道在价格方面能有什么优惠呢？

S：×先生，之前也跟您说过，如果您可以确定购买，我可以向领导申请额外附件精品的赠送。另外上次也跟您提到过，这款车只有一台现车。而且目前 XX 很受关注，很多客户都在考虑之中。×先生如果近期有空，可以在这两天到店，咱们再详谈一下。您看什么时间方便到店呢？

C：这样吧，我后天下午过去。

S：好的，×先生，期待您的光临，后天下午见！

后天下午，洽谈成交

C：我现在最关心的还是价格问题，那么在价格上能有什么优惠呢？

S：×先生，您之前也看过其他品牌的车，一定对汽车行情非常了解。而且您也亲自体验了我们 XX，我想您一定深深感受到 XX 相比于其他品牌无论是外形还是性能，都无一不体现出他独有的卓越品质和优势。因此，如果您选择 XX，一定物超所值。

C：对 XX 我还真比较中意，如果我今天能够定下来，你是不是能在价格上再优惠一些？

S：×先生，您一定也了解，我们产品在二手车市场上的突出表现。由于我们产品价格是全国统一的，基本没有浮动空间。不过，如果您今天可以确定下来，我可以为您申请一张 VIP 卡，在后续维修保养时积累积分，可以兑换相应礼品或保养工时费用。

C：好吧，就按你说的定下来吧。我和家人商量过了，就选择两年期贷款购车吧。同时选择你之前给我介绍的交强险、三者险、车损险以及不计免赔特约险这几种险种吧。

S：好的，×先生，我们这里也提供了 XX 专用的精品附件，需要我为您介绍一下吗？（精品单递交给客户，同时向客户讲解相关精品附件）这是您的报价单，您看一下。

C：那我什么时间能够提到车呢？

S：×先生，贷款的审批有固定的流程和周期。您这种情况，估计会很快，预计在 5 天左右吧。（销售顾问一定要诚实守信，向客户的承诺，如交车时间、优惠或者精品赠送等，务必给予兑现，以防止为不能实现承诺给客户造成不满情绪）

C：嗯，那今天有哪些手续要办？

S：×先生，您今天只需交付订金就可以了，我们会为您出具订金收据，等交车的时候，您再付清首付款，同时进行相关手续的签署。

C：那我这就去交订金吧。

S：好的，我陪您一起去收银处。（引领客户去收银处，向收银员介绍客户）这是我们的收银员 AA，这是×先生。

A：您好。您是现金还是刷卡。

C：刷卡吧。

A：请输入一下密码……这是您的收据，欢迎下次光临。

C：好，谢谢。

S：谢谢您，×先生。对了，您太太怎么没有跟您一块儿来呢？

C：她有点感冒。

S：最近天气变化大，确实应该多注意身体，代我向您太太表示问候。

C：谢谢。

S：另外，我这边会一直跟进，一旦审批通过，我马上给您安排提车。

C：好的，那我等你电话。

S：好。

约定时间，交付新车

S：×先生，您好！我是 XX 经销店销售顾问小 S，请问您现在方便接听电话吗？您的贷款审批通过了，您看明天为您安排交车可以吗？

C：没问题，就明天吧。

S：您看明天什么时间方便过来？我们提前准备一下。

C：9 点左右吧。

S：好的，×先生，明天我会和服务顾问向您介绍新车使用和养护的注意事项。同时也会为您专门安排一个交车仪式，整个交车过程大概 1 个小时，请您提前安排好时间。

C：好的，我知道了。

S：×先生，明天我们将恭候您的到来，请记得带上您的身份证件、驾照以及订金收据。

S：×先生、×太太，很高兴您来参加今天的新车交付。×太太您的感冒好些了吗？

C：小 S，谢谢你的关心，都好了。

S：×先生、×太太，我们已经将新车准备妥当。等一下咱们先签署相关文件、付款，然后我们会跟您二位详细讲解车辆功能，介绍一下新车保养的注意事项，最后是交车仪式。整个工程大概需要 1 个小时。这是购车合同，里面有一些细节需要跟您再核对一下，如果没什么问题，麻烦您在上面签字。

C：嗯，好。

S：×先生，×太太，在付款之前，我再给您二位说明一下购车贷款的费用构成，您看，这是车的基础价格。

C：没问题，我去交款。

S：好，我陪您一块去。

A：×先生，请您保管好您的发票。×先生，您慢走。

S：×先生、×太太，您的新车已经在这里了。在交车之前，我们已经按照标准流程对车身内部、外部、底部、随车附件和发动机舱进行了全面检查。这是新车交车单和 PDI 检查卡，帮助您确认交给您的新车完好无故障，保障您的合法权益。您先看一下，如果没问题，请您签名确认，这是您新车的所有手续。这是您的钥匙，您拿好。下面我给您二位介绍一下关于新车使用的要点事项。（销售顾问在介绍基本功能的同时，重点介绍客户感兴趣的配置）

S：×先生，×太太，这是我们的服务顾问 Sa。

Sa：您好！×先生、×太太，我是 Sa，这是我的名片，下面我给二位介绍一下新车的维修保养周期。

S：×先生、×太太，这是我们的展厅经理 Sm，我们合个影吧。

S：×先生，我代表公司感谢您选购 XX，今后在车辆使用过程中如果有任何疑问，都可以打电话给我。我将帮助您解答。最后，祝您一路平安！好，再见。

C：再见。

5.1　缔约成交流程与话术举例

5.1.1　缔约成交概述

上述对话是试乘试驾中对话的延续，讲述销售顾问如何与客户缔约成交的过程。该过程是汽车销售顾问争取成交的重要阶段，"就像求婚，不能太直接，但你必须主动"。所以，该过程中要准确把握客户心理，并给予合理、透明的解释是促进成交的前提。通过高效的且信息详尽的文件处理过程增强互信关系，为愉悦交车奠定基础。

在此过程中，我们要让客户理解选择我们是因为产品、服务的 N 多价值和收益，通过机敏把握成交信号和积极的成交技巧来促成交易，实现公司和个人销售业绩的提升。

5.1.2　缔约成交流程与话术举例

缔约成交的具体工作流程如图 5-1 所示。

从图 5-1 流程中不难看出，客户通过车辆的展示、介绍或试乘试驾体验对汽车有了深入的认识，我们需邀请客户选择并讨论相关配置，如果达成共识则进行价格说明与谈判及精品、车险的推介，进行后续跟进；与此同时，如果客户有二手车置换或车贷的需要，我们需提供相关方案、解释，并签署相关文件；客户交付订金或全款并预约客户交付新车时间。缔约成交主要由三部分组成：选择车辆的配置、提供方案和交付新车。

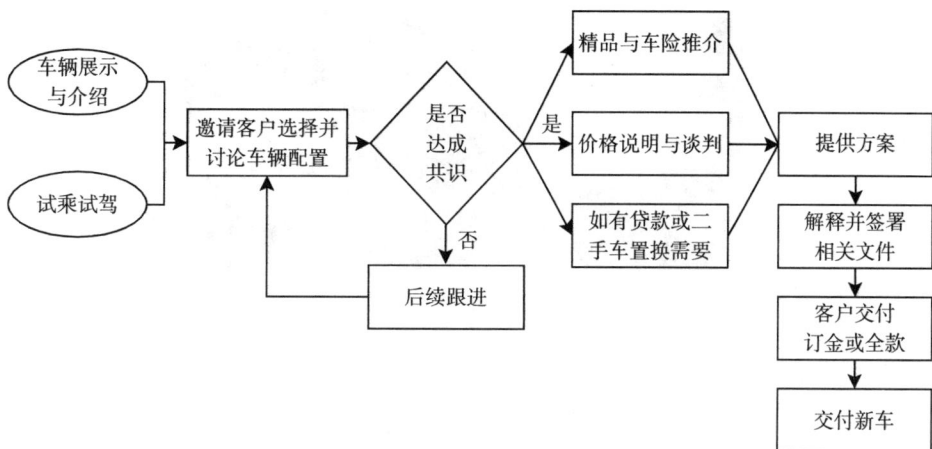

图 5-1 缔约成交流程

5.1.3 选择车辆的配置

5.1.3.1 安全配置

（1）驾驶座安全气囊、副驾驶座安全气囊。驾驶座安全气囊都安装在方向盘上，早期在安全气囊刚刚普及时，一般只有驾驶员才配备安全气囊。而随着安全气囊的重要性日益凸显，大多数车型都配备了主、副驾驶安全气囊。副驾驶安全气囊是安装在汽车副驾驶座椅前方，一般是在仪表板手套箱上方，如图 5-2 所示。

图 5-2 驾驶座安全气囊、副驾驶座安全气囊

（2）前排侧气囊。前排侧气囊一般安装在前排座椅外侧，目的是减缓侧面撞击造成的伤害。目前部分高端或者高配车型都装备了前排侧气囊，如图 5-3 所示。

145

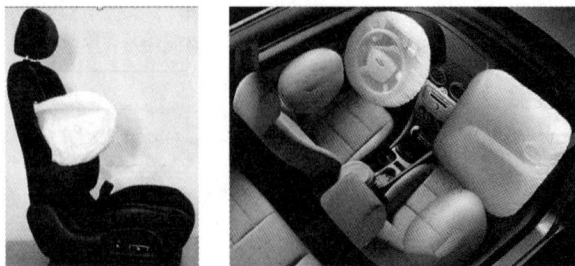

图 5-3　前排侧气囊

（3）后排侧气囊。后排侧气囊是安排在后排车座上靠近窗户的一边，不同于前排侧气囊，后排侧气囊一般只会出现在高端车型上，如图 5-4 所示。

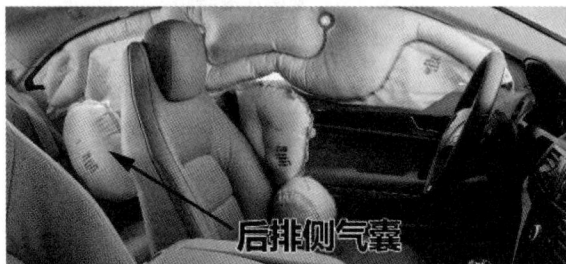

图 5-4　后排侧气囊

（4）前排头部气囊、后排头部气囊（气帘）。头部气囊也叫侧气帘，在碰撞时弹出遮盖车窗，以达到保护乘客的效果。一般情况下，大多数的头部气囊都是前后贯通式，只有少数品牌仅有前排头部气囊。前排头部气囊通常安装在挡风玻璃两侧钢梁内侧。后排头部气囊是安装在后部车顶处的安全气囊系统，用来保护后排座椅乘客的被动安全配置，如图 5-5 所示。

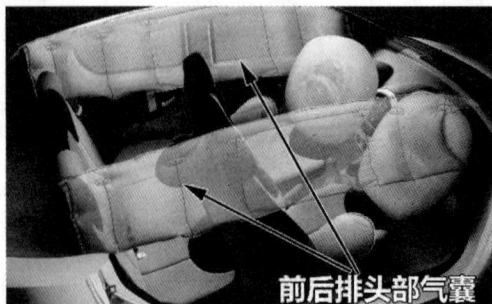

图 5-5　前排头部气囊、后排头部气囊（气帘）

（5）膝部气囊。膝部安全气囊（KAB）是用来降低乘员在二次碰撞中车内饰对乘员膝部的伤害。有三种膝部气囊。Driver KAB：驾驶员膝部安全气囊；PASS KAB：乘员膝部安全气囊；REAR KAB：后排乘员膝部安全气囊。如图5-6所示。

图 5-6　膝部气囊

（6）胎压监测装置。轮胎压力监测系统（TPMS），英文 Tire Pressure Monitor System。它的作用是在汽车行驶过程中对轮胎气压进行实时自动监测，并对轮胎漏气和低气压进行报警，以确保行车安全。如图5-7所示。

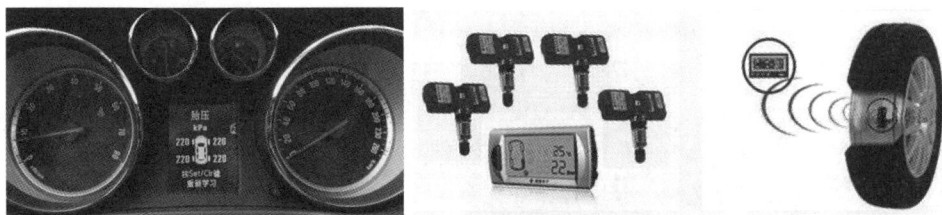

图 5-7　胎压监测装置

（7）安全带未系提示。当车辆探测到驾乘人员未系安全带时，先是仪表板上显示灯即时提示；当车速超过一定速度时转为通过声音来提醒驾驶员和前排乘客系好安全带，保障驾驶员的生命安全。如图5-8所示。

图 5-8 安全带未系提示

（8）ISO FIX 儿童座椅接口。ISO FIX（International Standards Organization，FIX）儿童安全座椅固定系统，是欧洲从 1990 年开始设计实施的一种针对儿童安全座椅接口的标准。该配置的特点就是具有两个与儿童座椅进行硬连接的固定接口，如图 5-9 所示。

LATCH（兼容 ISO FIX）是 "Lower Anchors and Tethers for CHildren" 的简称，从 2002 年 9 月 1 日开始，美国便规定几乎所有种类的轿车必须提供 LATCH系统的儿童安全座椅固定方式。与 FIX 不同的地方是比它多一个接口。如图 5-10所示。

图 5-9　ISO FIX

图 5-10　LATCH

（9）发动机电子防盗。是针对发动机安装的一套防盗系统，汽车点火钥匙内装有电子芯片，每个芯片内都装有固定的 ID（相当于身份识别号码），只有钥匙芯片的 ID 与发动机一侧的 ID 一致时，汽车才能启动；相反，如果不一致，汽车就会马上自动切断电路，使发动机无法启动。如图 5-11 所示。

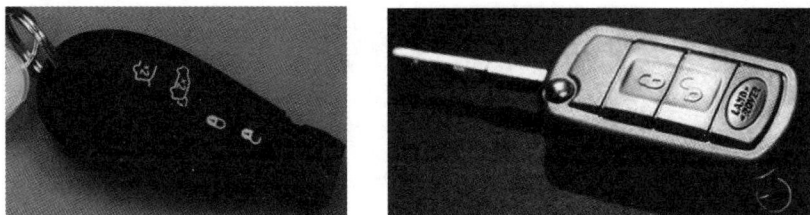

图 5-11　汽车点火钥匙

（10）车内中控锁。车内中控锁是指设在驾驶座旁边的开关，是可以同时控制全车车门关闭与开启的一种控制装置。如图 5-12 所示。

图 5-12　车内中控锁

（11）遥控钥匙。遥控钥匙是指不用把钥匙键插入锁孔中就可以远距离开门和锁门。它不仅装有芯片，其最大优点：不管白天黑夜，无须探明锁孔，可以远距离、方便地进行开锁和闭锁。

（12）无钥匙启动系统。无钥匙启动采用无线射频识别技术，通过车主随身携带的智能卡里的芯片感应自动开关门锁，也就是说当您走近车辆一定距离时，门锁会自动打开并解除防盗；当您离开车辆时，门锁会自动锁上并进入防盗状态。一般装备有无钥匙进入系统的车辆，其车门把手上有感应按钮，同时也有钥匙孔以防智能卡损坏或没电时，车主仍可用普通方式开启车门，如图5-13所示。

图 5-13　无钥匙启动按键

（13）零胎压继续行驶。严格意义上来说，零胎压继续行驶不能算作是一项汽车配置，它只是一项配置所起的作用或是表现形式。而这项配置就叫防爆轮胎，如图 5-14 所示。学名叫"泄气保用轮胎"，英文缩写 RSC。充气后的轮胎胎壁是支撑车辆重量的主要部位，特别是一些扁平比（扁平比是轮胎高度与宽度的比）较大的轮胎，胎壁非常"肥厚"，"爆胎"严重时通常会导致胎壁的瞬间崩开，从而使轮胎瞬间失去支撑力，车辆重心立刻发生变化，特别是前轮驱动车的前轮爆胎，爆胎后瞬间的重心转移很可能会令车辆失控。如果驾驶者没有爆胎后驾驶经验（大多数人都没有），可能会做到错误的驾驶动作（例如急刹车），这将导致车辆无法挽救的失控。

图 5-14　防爆轮胎

5.1.3.2　操控配置

（1）ABS。"ABS"中文译为"防锁死刹车系统"，它是一种具有防滑、防锁死等优点的汽车安全控制系统。ABS 是常规刹车装置基础上的改进型技术，可分机械式和电子式两种。现代汽车上大量安装防抱死制动系统,ABS 既有普通制动系统的制动功能,又能防止车轮锁死,使汽车在制动状态下仍能转向,保证汽车的制动方向稳定性,防止产生侧滑和跑偏,是目前汽车上最先进、制动效果最佳的制动装置。

(2)制动力分配(EBD/CBC 等)。EBD(Electric Brakeforce Distribution)实际上是 ABS 的辅助功能,是在 ABS 的控制电脑里增加一个控制软件,机械系统与 ABS 完全一致。它只是 ABS 系统的有效补充,一般和 ABS 组合使用,可以提高 ABS 的功效。CBC(Cornering Brake Control)是弯道刹车控制系统,宝马、路虎等高档车有使用。

(3)刹车辅助(EBA/BAS/BA 等)。刹车辅助一般称为 EBA(Electronic Brake Assist)、BAS(Brake Assist System)、BA(Baker Aid 机械制动辅助系统)。它的工作原理是传感器通过分辨驾驶员踩踏板的情况,识别并判断是否引入紧急刹车程序。由此该系统能立刻激发最大的刹车压力,以达到可能的最高刹车效果,达到理想的制动效果以制止交通事故的发生。

(4)牵引力控制(ASR/TCS/TRC 等)。加速防滑控制系统(Acceleration Skid Control System,ASR)、牵引力控制系统(Traction Control System,TCS)也称主动牵引力控制(TRC),它的作用是使汽车在各种行驶状况下都能获得最佳的牵引力。牵引力控制系统能防止车辆在雪地等湿滑路面上行驶时驱动轮的空转,使车辆能平稳起步、加速。尤其在雪地或泥泞的路面,牵引力控制系统均能保证流畅的加速性能,防止车辆因驱动轮打滑而发生横移或甩尾。

(5)车身稳定控制(ESP/DSC/VSC/VDC/VSA 等)。ESP 全称 Electronic Stability Program,包含 ABS 及 ASR 驱动(轮)防滑系统,是这两种系统功能上的延伸。由于 ESP 名称已经被德国博世公司注册,故其他公司开发的电子稳定系统只能使用其他名称。配备 ESP 的汽车品牌有菲亚特、AD、标致、大众、铃木、雪铁龙、克莱斯勒、奔驰、长安福特等。DSC(Dynamic Stability Control)的性能类似德国博世公司的 ESP,配备 DSC 的汽车品牌有捷豹、路虎、宝马、MINI、马自达等。VSC 的全称为 Vehicle Stability Control,是丰田锐志的车身稳定控制系统,丰田皇冠和雷克萨斯则配备了 VDIM(Vehicle Dynamics Integrated Management，车身动态综合管理系统）。VDC 的全称是 Vehicle Dynamic Control，是日产公司研发的汽车动态控制系统，英菲尼迪、斯巴鲁也配备了 VDC。VSA 的全称是 Vehicle Stability Assist，是本田汽车公司研发的车辆稳定性辅助系统，讴歌也配备了该系统。通用国产车型的车身稳定控制系统叫 ESC，现代的叫 VSM。在车上我们看到这样的标志（如图 5-15 所示）就是车身稳定控制的按键。

（6）自动驻车。自动驻车英文名称为 AUTOHOLD（如图 5-16 所示），是一种自动替你拉手刹的功能，这个功能在系上安全带时，启动该功能之后，比如在停车等红绿灯的时候，你的右脚可以不用踩在刹车踏板上，也适用于上下坡以及频繁起步停车的时候，你就不用拉手刹了，也可以称它为上坡辅助（Hill-start Assist Control，HAC）以防止溜车而造成事故，并且还不会让驾车者感到手忙脚乱，防止出现将油门踏板误当刹车踏板的情况发生。

图 5-15　车身稳定控制按键

图 5-16　自动驻车键

（7）陡坡缓降。陡坡缓降系统（HDC），也称为斜坡控制系统，这是一套用于下坡行驶的自动控制系统，在系统启动后，驾驶员无须踩制动踏板，车辆会自动以低速行驶，并且能够逐个对超过安全转速的车轮施加制动力，从而保证车辆平稳下坡，此时制动踏板只是用于被动防止打滑，如图 5-17 所示。

（8）可变悬挂。是指可以用手动或车辆自动改变悬挂的高低或软硬来适应不同路面的行驶需求。它的技术特点：底盘可升降，应用车型广泛；技术不足，可靠性不如螺旋弹簧；应用车型为奔驰 S350、ADA8L、保时捷卡宴、Jeep 大切诺基等。当然还有类似的空气悬挂、电磁可调悬挂（如 ADTT、凯迪拉克 CTS、SLS 等）、液压可调悬挂（雪铁龙 C5 海外版、C6 等）、电子液力式可变悬挂（如欧宝雅特海外版等）。如图 5-18 所示。

陡坡缓降时的速度设定默认有三级：4km/h、6km/h、18km/h

图 5-17　陡坡缓降系统

图 5-18　可变悬挂按键

（9）可变转向比。可变转向比即根据汽车速度和转向角度来调整转向器传动比，当汽车开始处于停车状态，汽车速度较低或者转向角度较大时，提供小的转向器传动比；而当汽车高速行驶或者转向角度较小时，提供大的转向器传动比，从而提高汽车转向的稳定性。

不同厂家对这类系统的叫法可谓五花八门，比如宝马称之为 AFS 主动转向系统（Active Front Steering），AD 称之为动态转向系统（Audi Dynamic Steering），丰田、雷克萨斯使用的则是可变齿比转向系统 VGRS（Variable Gear Ratio Steering），而奔驰的可变齿比转向系统则以"直接转向系统"命名。虽然功能类似，但他们使用的技术却是截然不同的。

（10）前、后桥限滑差速器、差速锁。汽车在弯道行驶，内外两侧车轮的转速有一定的差别，外侧车轮的行驶路程长，转速也要比内部车轮的转速高，"差速器"就是用来让车轮转速产生差异的，在转弯的情况下可以使左右车轮进行合理的扭矩分配，来达到合理的转弯效果。这个时候就需要差速器来调节（几乎所有车辆都具有差速器）。提高了车辆越野能力，增强车辆在非铺装路面行驶时的脱困能力。

（11）中央差速器锁止功能。奔驰 G500、雷诺科雷傲、日产奇骏带有中央差速锁或者中央限滑差速器锁止功能。驾驶者可以通过按钮来锁止车辆的中央差速器。中央差速器位于车辆前轮与后轮之间的传动轴上。

5.1.3.3 外部配置

（1）电动天窗。电动天窗安装于车顶，能够有效地使车内空气流通，增加新鲜空气进入。同时，天窗可以开阔视野，也常用于移动摄影摄像的拍摄需求。满足电动天窗的前提是天窗必须能够电动开启。多数车的顶配一般都配有天窗。如图 5-19 所示。

图 5-19　电动天窗

（2）全景天窗。全景天窗首先面积较大，甚至是整块玻璃的车顶，坐在车中可以将上方的景象一览无余；目前较多的全景天窗为前后两块单独的玻璃，分别使得前后座位都有天窗的感受。优点是视野开阔，通风良好。缺点是成本高，车身整体刚度下降，安全系数降低。如 RCTL、索 8、别克 JY、起亚 K5 等，如图5-20 所示。

图 5-20　全景天窗

（3）运动外观套件。也称车身运动套件，运动外观套件是指通过加装外部拢流装置和分流装置，以提高车辆空气动力学性能，降低空气阻力，并提高视觉冲击，运动外观套件包括了大包围、底盘包围、行李架、尾翼等，如图 5-21 所示。

图 5-21　运动外观套件

（4）电动吸合门。电动吸合门就是使用电磁力将近乎闭合的车门完全闭合锁止，一般只有豪华车才装备有电动吸合门，如奔驰 S 级、宝马 7 系、ADA8 等。

（5）电动后备箱。电动后备厢是指后备箱采用电动方式开闭，有些车也有遥控功能。若要开启后备厢，只需按一下车里的按钮，后备厢就会自己打开；如果要关闭后备厢，就按一下后备厢里的关闭按钮，后备厢就会自己关闭（不同车型按钮的位置会有所不同）。如图 5-22 所示。

图 5-22　位于后备箱的电动按钮

（6）感应式雨刷。感应式雨刷器能通过安装在前风挡的雨量传感器（如图5-23所示）感应雨滴的大小，自动调节雨刷运行速度，为驾驶者提供良好的视野，从而大大提高雨天驾驶的方便性和安全性。

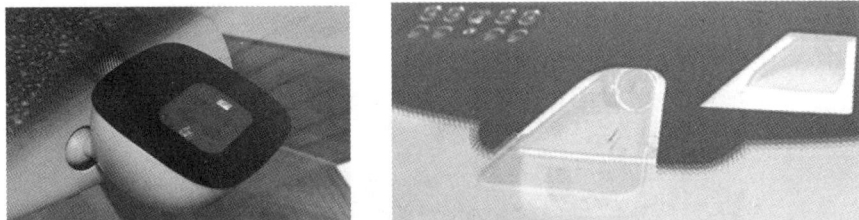

图 5-23　位于前风挡的雨量传感器

（7）氙气大灯。氙气大灯（如图5-24所示）的全称是 High Intensity Discharge Lamp（HID），也称气体放电灯，它利用配套电子镇流器，将汽车电池12V电压瞬间提升到23kV以上的触发电压，将氙气大灯中的氙气电离形成电弧放电并使之稳定发光，提供稳定的汽车大灯照明系统。

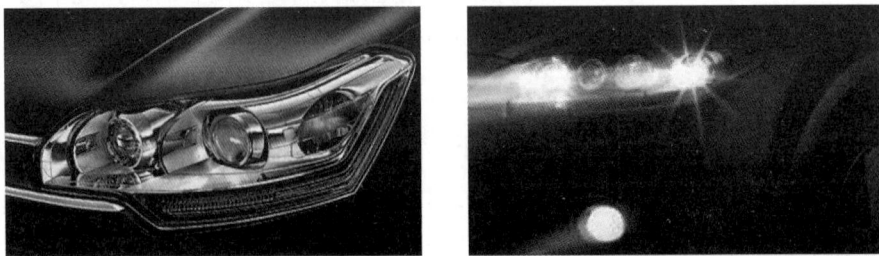

图 5-24　氙气大灯

（8）LED 大灯。LED（Light Emitting Diode）大灯是指前大灯所有的光源均采用 LED（如图 5-25 所示）。它是一个发光二极管，是一种固态的半导体器件，它可以直接把电转化为光。特点是高亮、低热、环保、耐用。

图 5-25　LED 大灯

（9）日间行车灯。日间行车灯（如图 5-26 所示）是指使车辆在白天行驶时更容易被识别的灯具，装在车身前部。也就是说这个灯具不是照明灯，不是为了使驾驶员能看清路面，而是为了让别人知道有一辆车开过来了，是属于信号灯的范畴。欧盟规定在 2011 年起新车必须安装日间行车灯。使用了 LED 技术的日间行车灯，节能效果得到进一步提升，能耗仅为普通近光灯的 10%。当汽车发动机一启动，日间行车灯则自动开启，并不断增加亮度以引起路上其他机动车、非机动车以及行人的注意。当夜晚降临，驾驶者手动打开近光灯后，日间行车灯则自动熄灭。

图 5-26　日间行车灯

（10）自动头灯。自动头灯是为前大灯安装了感光控制系统（位于空调前风挡出风口附近，如图 5-27 所示），中央智能控制盒根据光线传感器来判断光线亮度变化，从而控制自动点亮或熄灭头灯。当汽车行驶中光线变暗时，前大灯会自动亮起，当光线变亮时会自动熄灭。尤其是在天刚刚黑或是进入隧道的时候，很多驾驶者都忽略了头灯的开启，常常在视线非常不好的情况下才想到要开启头灯，而这一举动存在着严重的安全隐患。

图 5-27　自动头灯的感光器

（11）转向头灯。转向头灯也称自适应大灯（Adaptive Frontlighting System，AFS），转向头灯能够根据行车速度、转向角度等自动调节大灯的偏转，以便能够提前照亮"未到达"的区域（如图 5-28 所示），提供全方位的安全照明，以确保驾驶员在任何时刻都拥有最佳的可见度。

YQVW2012 款 CC 就配备了 AFS。也有汽车厂商称之为侧向辅助照明灯，它的头灯里面设有一个特殊角度的小灯泡，只有方向盘转动到一个特定的角度范围时，这个小灯泡才会点亮，当小灯泡点亮时便能提供弯道盲区的照明。

图 5-28　转向头灯照亮的范围

（12）前雾灯、后雾灯（如图 5-29 所示）。前雾灯一般安装于汽车前部比前照灯稍低的保险杠上，后雾灯一般安装于后备箱处，用于雨雾天气行车时照明道路。因为雾天能见度低，驾驶员视线受到限制。而黄色防雾灯的光穿透力强，它可提高驾驶员与周围交通参与者的能见度，使来车和行人在较远处发现对方。现在最先进的雾灯是 AD 最新研发的激光雾灯，会让后车及时发现自己，它是通过在车辆尾部安装一个红色的激光发射器来实现的。

前雾灯　　　　　　　　　　　　　　　后雾灯

图 5-29　前雾灯、后雾灯

（13）大灯高度可调（如图 5-30 所示）。大灯高度可调是指前大灯有无调节灯光照射角度的功能，通过调节大灯照射角度以获得最佳的照射范围，从而提高道路行驶的安全性。

大灯高度调节旋钮

图 5-30　大灯高度可调

(14) 大灯清洗装置（如图 5-31 所示）。大灯清洗装置是指在前照灯的下方有一出水口，随时可以清洗前照灯的灰尘及污垢。本田雅阁就选配了该装置。

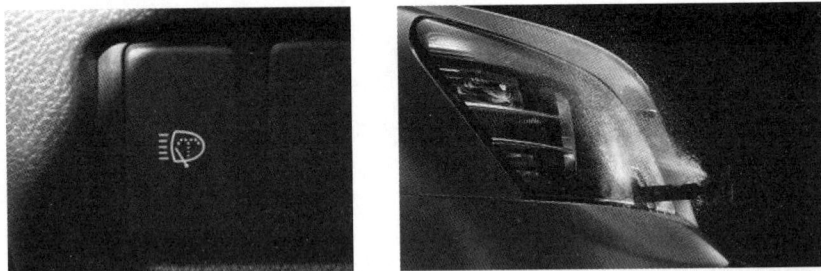

图 5-31　大灯清洗装置

(15) 大灯延时关闭。大灯延时关闭也称为伴我回家功能，其本质就是头灯在车辆熄火后的延时关闭功能，为车主下车后提供一段时间的外部照明。汽车熄火后，前大灯仍可延时 30 秒到 90 秒再熄灭。

(16) 高位刹车灯（如图 5-32 所示）。高位刹车灯一般安装在后备箱盖上、车尾顶部或者后风挡内，以便后面行驶的车辆易于发现前方车辆刹车，起到防止追尾事故发生的作用。

图 5-32　高位刹车灯

(17) 后雨刷。后雨刷是汽车后风挡的雨刷器，后雨刷多配备在 SUV、MPV、两厢车及部分掀背车上。如图 5-33 所示。

图 5-33　后雨刷

5.1.3.4　内部配置

（1）真皮方向盘。真皮方向盘是指用真皮包裹装饰的方向盘。和其他材质相比，真皮更有韧性，更舒适，但价格也是比较昂贵的。方向盘表面材料还有合成塑料、皮革、铝合金和木制等。木制方向盘多安装在高档车上，有极强的质地感、环保、美观。如图 5-34 所示。

图 5-34　木制方向盘

（2）方向盘四向调节。方向盘四向调节主要是指上、下、前、后四个方向的调节。上、下调节即调节方向盘的垂直距离，前、后调节即调节方向盘轴线上的长短。目的是满足不同身材的驾驶者对方向盘与自身距离的需要。使驾驶员既调节了座椅与方向盘的距离而保持舒适的腿部空间，又可以保持驾驶者与方向盘距离上的舒适。一般来说，身材比较高大的人方向盘向上调节、向后调节，反之亦然。

在一些高档车上，方向盘的调节是通过电机来调节，只需通过调节方向盘上的调节钮，即可根据驾驶者的需要完成方向盘的调节，称为方向盘电动调节。

（3）多功能方向盘。多功能方向盘是指在方向盘两侧或者下方设置一些功能键，包括音响控制、车载免提电话等，还有的将巡航定速键也设置在方向盘上，如图 5-35 所示。

图 5-35　保时捷卡宴的多功能方向盘

（4）方向盘换挡。方向盘换挡是双手不离开方向盘，通过方向盘下的按钮或换挡拨片就可以进行挡位的加减变换工作。装备了方向盘换挡的自动挡车，肯定是手自一体的，因为方向盘换挡的作用就是加减挡。很多汽车拉力赛、场地赛甚至 F1 都是采用了方向盘换挡拨片，在乘用车加装该设备大大提升了驾驶乐趣。如图 5-36 中画圈处所示。

图 5-36　方向盘换挡拨片

（5）定速巡航。定速巡航用于控制汽车的定速行驶，汽车一旦被设定为巡航（CRUISE）状态时，发动机的供油量便由电脑控制，电脑会根据道路状况和汽车的行驶阻力不断地调整供油量，使汽车始终保持在所设定的车速行驶，而无须操纵油门减轻了疲劳，同时减少了不必要的车速变化，可以节省燃料。一般情况下，当驾驶者踩下刹车踏板、离合器或手动取消（CANCEL）时定速巡航会被自动解除，如图 5-37 所示。图中 RES ACCEL 代表的是在巡航中加速，比如现在时速为 116 公里/小时，按一下按键会提升到 119 公里/小时，提高了 3 公里的时速，同样，DECEL SET 键代表的是在巡航中减速。当然，不同车型的巡航定速按键位于不同的位置。图 5-37 左图是位于方向盘右端，图 5-37 右图是位于方向盘下转向灯杆的上方。

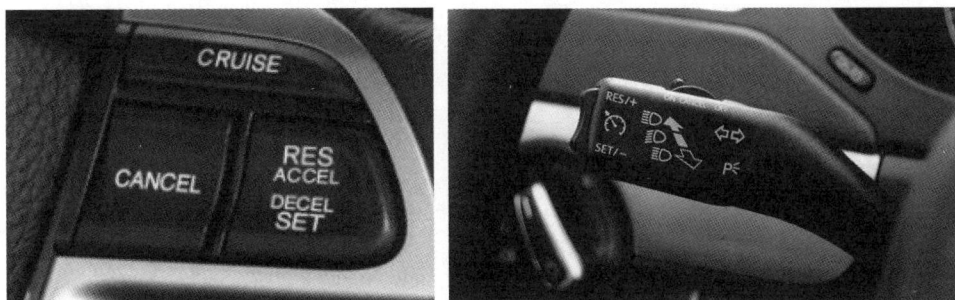

图 5-37　巡航定速按键

（6）自适应巡航。自适应巡航也称为主动巡航（Adaptive Cruise Control，ACC），如图 5-38 所示。自适应巡航类似于传统的巡航控制，系统包括雷达传感器、数字信号处理器和控制模块。YQVWCC 顶配车型配备了该功能。ACC 的关键技术是雷达和目标车辆的识别和跟踪。

在汽车启动开关键上，我们也看到了 ACC，这是什么意思呢？我们从 LOCK（锁盘）转到 ACC（ACCESSORY，附件），仅用于听音乐，看 DVD，从 LOCK→ACC→ON→START（自动回到 ON），引擎点火。ACC 与 ON 的区别，就是 ACC 仅仅是给附件上电，例如收音机、车内氛围灯；而 ON 会满足给发动机工作用的电。ACC 的优点在于不给发动机电路上电，例如油泵灯，可以在停车等人的时候节省电力。现在很多车都没有这个选项，直接就到 ON 了。

图 5-38　自适应巡航按键

（7）泊车辅助。泊车辅助也就是我们常说的倒车雷达系统（高档车不但在后部安装了探头，在前部也安装了探头，如图 5-39 所示），是汽车泊车或者倒车时的安全辅助装置，由超声波传感器（俗称探头）、控制器和显示器（或蜂鸣器）等部分组成。

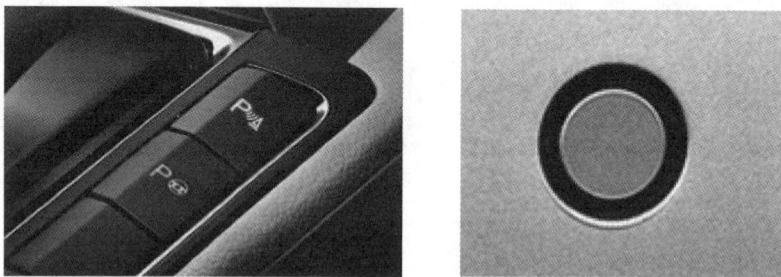

图 5-39　泊车辅助

（8）倒车视频影像。倒车视频影像就是在车尾安装了倒车摄像头，当挂入 R 挡时，该系统会自动接通位于车尾的摄像头，将车后状况显示于中控或后视镜的液晶显示屏上，如图 5-40 所示。

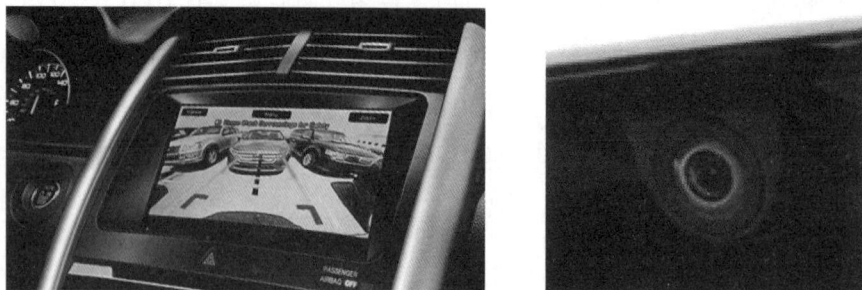

图 5-40　倒车视频影像和倒车摄像头

（9）行车电脑显示屏。行车电脑显示屏是通过显示屏幕（一般位于方向盘下方，如图 5-41 左图所示）把行车电脑的一部分数据（如图 5-41 右图所示）用屏显的方式体现出来。大多数行车电脑显示有平均油耗、瞬时油耗、室外温度、平均车速、驾驶时间和单次行驶里程等数据。

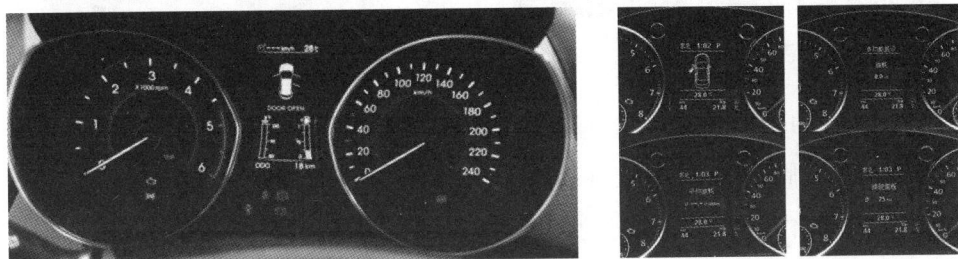

图 5-41　行车电脑显示屏

（10）HUD 抬头数字显示。抬头数字显示仪（Heads Up Display），风窗玻璃仪表显示，又叫平视显示系统，它可以把重要的信息映射在前风挡玻璃上的全息半镜上，使驾驶员不必低头，就能看清重要的信息。这项技术最早是运用在军用战斗机上的显示系统，后被运用到汽车上，如图 5-42 所示。

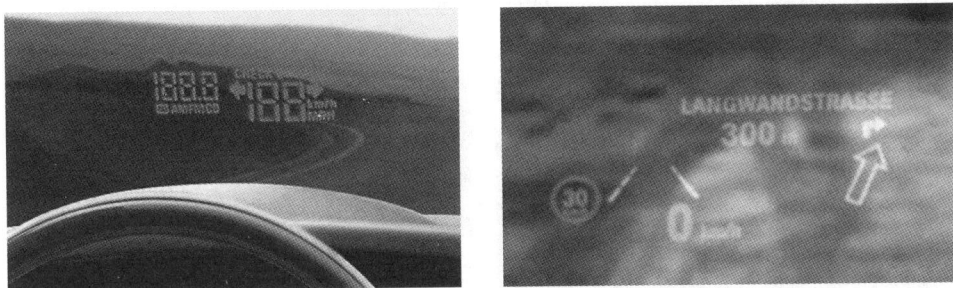

图 5-42　抬头数字显示

（11）车内氛围灯和车内阅读灯。车内氛围灯（见图 5-43）是一种起到装饰作用的照明灯，通常是红色、蓝色、绿色等，主要为了使车厢在夜晚时更加绚丽。车内阅读灯，安装在汽车内部，在驾驶座顶、后座中间顶部或是 B 柱、C 柱中间都安装有，便于车内阅读，如图 5-44 所示。

图 5-43　车内氛围灯

图 5-44　车内阅读灯

　　（12）手动/自动空调/花粉过滤。空调有三个重要调节功能：温度、湿度和洁净度。一个完整的汽车空气调节系统是通过调节温度、湿度、风速和换气等，来达到营造车厢内舒适环境的目的。手动空调只能手动对冷/热风的温度和风量进行粗略的分级调节，不能设定车内空调的具体温度。手动空调一般通过旋钮或按键调节温度。自动恒温是变频空调的一种功能，当车内温度接近司乘人员所设定的人体舒适温度时，压缩机自动停止转动，保持温度的恒定，而当温度上升时压缩机会自动工作。花粉过滤器能有效阻止各类污染物及汽车排放的废气进入车厢内。特殊的花粉过滤器还可采用活性炭技术实现车体内有害化学物的空气污染控制。滤材采用 PP 熔喷、针刺、PEI 或聚碳酸酯纤维等材料制成，也可根据需要将两种过滤材料复合加工成成品。如图 5-45 所示。

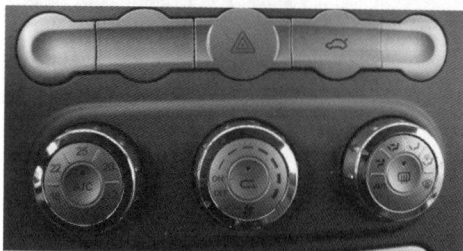

手动空调

自动空调

图 5-45　车内空调

　　（13）后排独立空调。后排独立空调是指后排座椅可与前排座椅一样，设定不同的温度，调节控制出风量的大小。一些高档轿车，为了照顾到后排乘客，增加了后排独立空调，其出风口位置一般在前座中央扶手后侧、前座椅下面、车顶、B 柱及 C 柱等位置。而一般车型只是在后排配备了出风口。如图 5-46 所示。

图 5-46　后排独立空调

（14）温度分区控制。也称分区空调，是为了满足车内不同位置上成员对车内空气温度情况的不同要求，往往将车内空间划分为几个独立的温区，各个独立的温区可以进行不同的温度调节。原来只在高档车上才配有，现在很多中低档车也配有该功能。如图 5-47 所示，一般用"DUAL"或"SYNC"等英文表示。

图 5-47　温度分区控制

5.1.3.5　座椅配置

（1）真皮座椅。真皮座椅是指用真皮包裹的汽车座椅，它具有省事、耐脏、更易散热的特点，但同时也有自己的天敌——尖锐物体和酸碱液体。当然也有号称真皮，只是在臀部和背靠部使用真皮，其余全部使用人造革（仿皮），如图5-48所示。还有一种就是简配车型当中配备的织物座椅。

图 5-48　真皮座椅

（2）运动座椅。运动座椅专门针对高速行驶的车身与人体动态反应而设计，因此特别将椅背及椅垫这两个部分加以强化，使人体两侧的腰部、肩部以及背部能够有良好的侧向支撑性，座椅本身的刚性也经过加强，因此能够对转弯时侧向加速度产生的离心力给予有效的抗衡，能够更准确地感受到轮胎与路面的抓地性，使驾驶人员能够对车辆进行精确的操控，如图5-49所示。

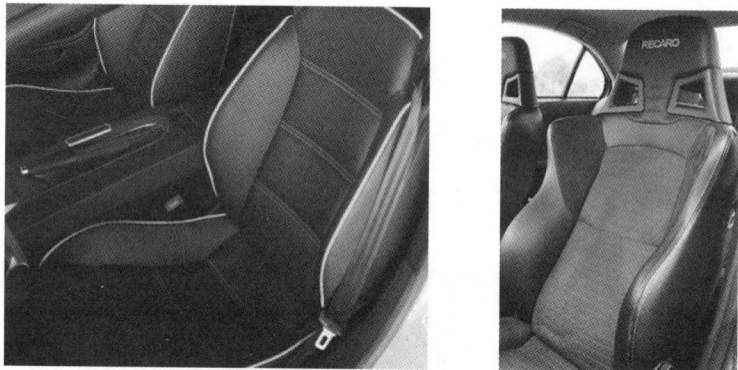

图5-49　运动座椅

（3）座椅调节。驾驶者通过电子调节操纵或手动调节操纵将座椅调整到最佳的位置上，以获得最好视野，得到易于操纵方向盘、踏板、变速杆等其他操纵按键的便利，还可以获得最舒适和最习惯的乘坐角度，如图5-50所示。一般来说，手动调节只能调节座椅的上、下、前、后和靠背的前、后调节，而电动调节现在最多能达到十二项调节。他们分别是座椅整体的前、后、前上、前下、后上、后下调节；靠背的前、后；腰部支撑的上、下、前、后调节。

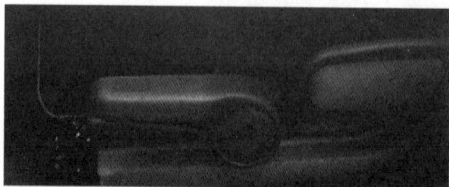

座椅手动调节　　　　　　　　　　　　　座椅电动调节

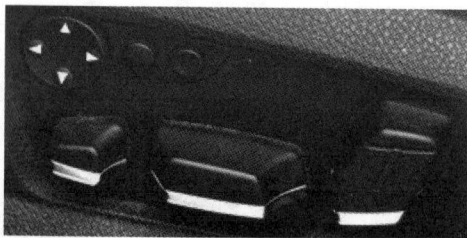

图5-50　座椅调节

（4）肩部支撑调节。肩部支撑是指座椅上对人体肩部提供支撑的装置，主要是为了缓解长时间驾驶或乘坐时产生的疲劳。有些高级车上的肩部支撑可提供电动、手动和充气等多种方式的调节功能，如图 5-51 所示。

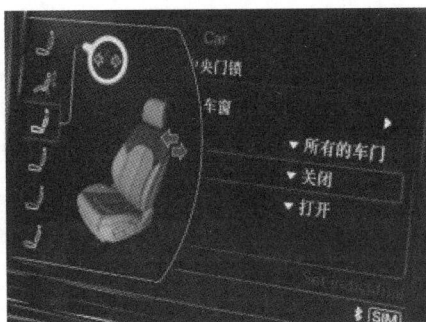

图 5-51　肩部支撑调节

（5）第二排靠背角度调节、座椅移动。第二排靠背角度调节就是指第二排座椅可以根据乘客的需求来调整靠背的角度，以调整到最佳的坐姿。第二排靠背角度调节一般装备在 SUV、MPV 和豪华车的后排。一般都装配在全尺寸 SUV 上。

第二排座椅移动是指后排座椅可以根据乘客的需求来对后排座椅进行前后移动，以使乘客调整到最佳的腿部空间，第二排座椅移动一般装备在 MPV、SUV 和 D 级车上。如图 5-52 所示。

座舱内的第三排座椅，有别于常见轿车中的前排座椅和后排座椅。第三排座椅一般出现在 MPV 和 SUV 上，第三排座椅是衡量其空间和多功能性的重要参数之一。

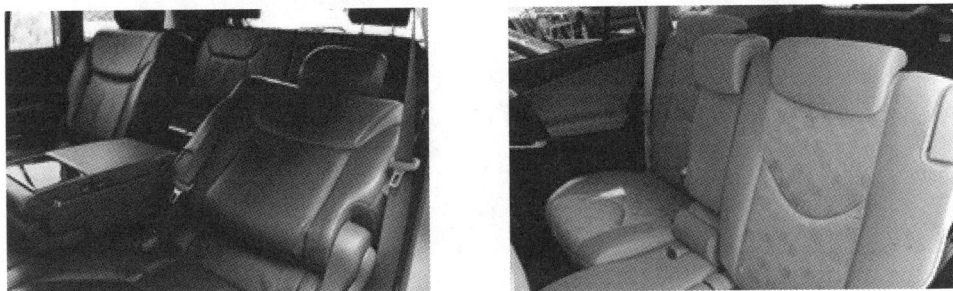

图 5-52　第二排座椅靠背角度调节、座椅移动

（6）后排座椅电动调节。座椅电动调节主要是指前排座椅的电动调节，而后排座椅电动调节（如图5-53所示）一般配备在豪华车上，也是通过电机来调节后排座椅的靠背角度或座椅的前后移动。

图5-53　后排座椅电动调节

（7）前排座椅、后排座椅加热、通风。座椅加热指座椅内的电加热装置。一般出现在选用真皮材料座椅的车辆上，由于真皮座椅表面材料在冬季温度较低，座椅加热后坐下去就不会是冰冷的皮椅。大多数电加热装置都有温度可调节的功能。

座椅通风分为送风式和吸风式，座椅通风的原理就是用风扇向座椅内注入空气，空气从椅面上的小孔中流出，实现通风功能。座椅通风有效改善了人体与椅面接触部分的空气流通环境，即使长时间乘坐，身体与座椅的接触面也会干爽舒适，如图5-54所示。

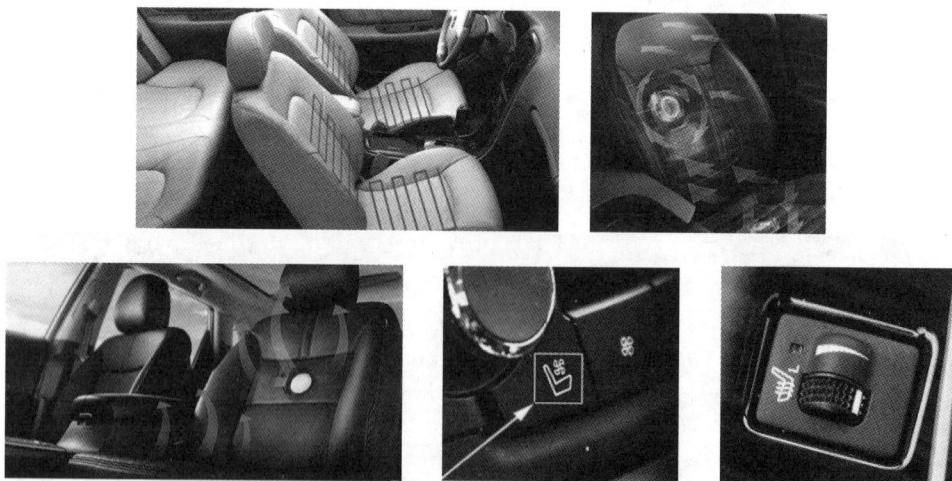

图5-54　座椅通风按键及座椅加热按键

在座椅通风和加热等性能的推动下，有的车型也配备座椅按摩功能。座椅按摩一般在高档车上才有，设计者在座椅内加入气动装置，气压由发动机舱的气泵提供，座椅靠背内分别有 4 个或多个气压腔，实现对腰椎部的保护。如图 5-55 所示。

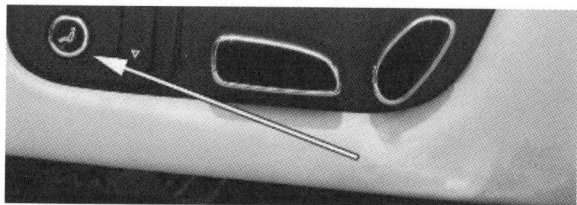

图 5-55　座椅按摩按钮

（8）后排座椅整体放倒、按比例放倒。后排座椅的靠背为一个整体，当拉大件物体需要更大的空间时，可以将后排座椅靠背放倒，来获得更大的空间。后排座椅整体放倒的缺点是当将后排座椅放倒时，后排无法坐人，如图 5-56 所示。

后排座椅的靠背可以按比例放倒，相比后排座椅整体放倒，按比例放倒的灵活性更高，可以只放倒一半的靠背来放置大件物品，而未放倒的部分仍然可以坐人。常见的后排座椅放倒比例有 1/3、2/3、1/2 比例放倒，如图 5-57 所示。

图 5-56　后排座椅整体放倒

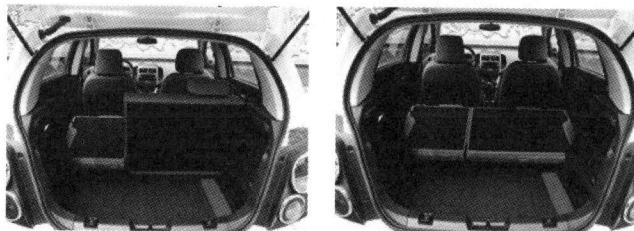

图 5-57　后排座椅按比例放倒

（9）前中央扶手、后中央扶手、后排杯架。前座中央扶手位于前排座椅中间，为前排驾乘人员提供肘部支撑，而且前排中央扶手下方大多还带有杯托、存储等功能，如图 5-58 所示。

后座中央扶手位于后排座椅中间，多为可收放式，可以为后排乘客提供肘部空间。

后排杯架一般位于后座中央扶手上，而有些车型的后排杯架位于手刹后方或者前座中央扶手的后方。如图 5-59 后排中央就是杯架。

图 5-58 前中央扶手、杯托

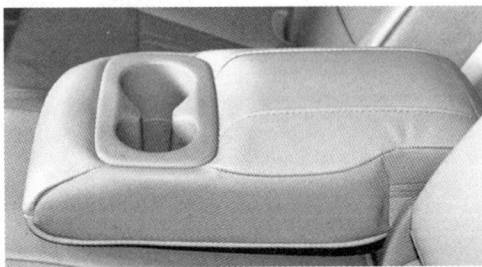

图 5-59 后排中央扶手、杯托

5.1.3.6 多媒体配置

（1）GPS 导航。通过商业通信卫星，把 GPS 应用到车辆导航上面，为汽车驾驶人指路，就成为了车载导航 GPS（Global Positioning System）系统。如图 5-60所示。

图 5-60　AD 的车载 GPS 系统

（2）定位互动服务。定位互动服务是基于车载 GPS 并使用车载电话与远程呼叫中心连通提供实时交流互动服务。国内常见的有通用的安吉星（OnStar）、丰田 G-BOOK、荣威 inkaNet、日产 CarWings 和现代 blueLink，如图 5-61 所示。

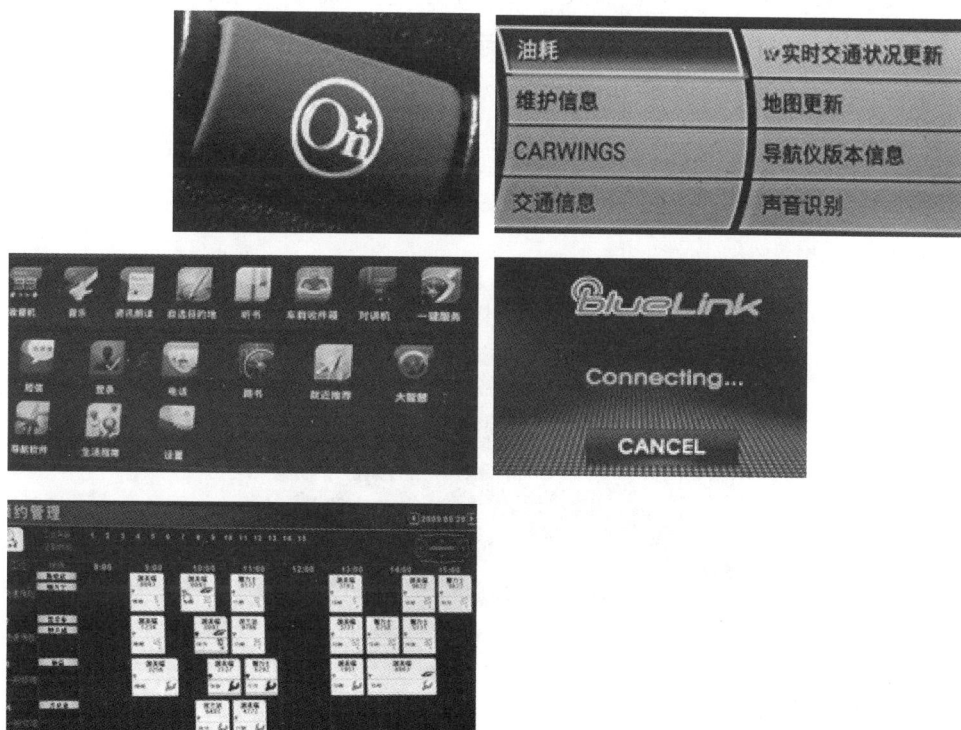

图 5-61　定位互动服务系统

（3）中控台彩色屏。中控台彩色屏可以显示时间、温度、日期、音频等基本信息，如果车辆配备了 GPS 或者 DVD，则可以显示 GPS 的地图、播放视频画面或收看电视节目等功能，如图 5-62 所示。

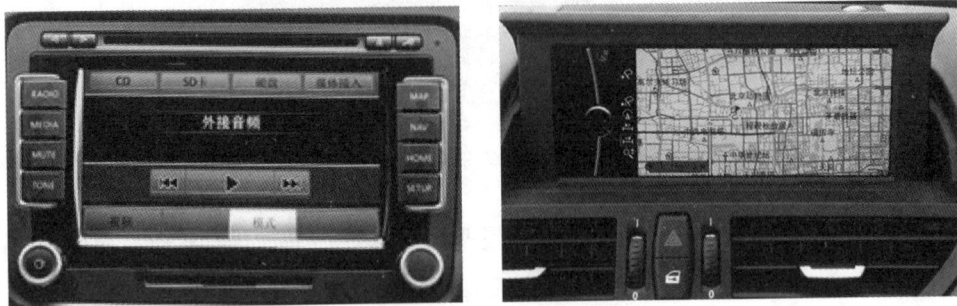

图 5-62　中控台彩色屏

（4）人机互动系统。也就是人机交互系统，该系统实现了人与车之间的对话功能。车主可通过该系统，轻松把握车辆状态信息（车速、里程、当前位置、车辆保养信息等）、路况信息、定速巡航设置、蓝牙免提设置、空调及音响的设置。目前常见的人机交互系统有宝马的 iDrive、奔驰的 COMAND、AD 的 MMI、沃尔沃的 Sensus 以及丰田的 Remote Touch，如图 5-63 所示。

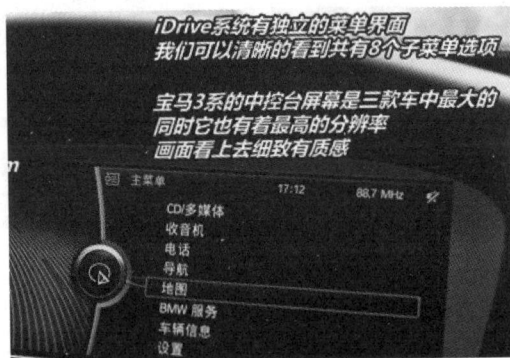

图 5-63　人机互动系统

（5）内置硬盘。内置硬盘的作用不仅可以内置车载硬盘导航系统，使访问电子导航地图变得非常快捷和方便，还能将 CD、DVD 或 MP3 上的歌曲，直接拷贝到硬盘里存储播放。如图 5-64 所示。

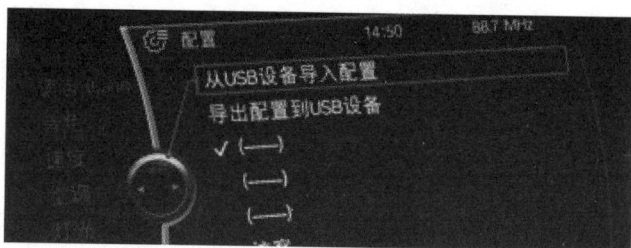
图 5-64 内置硬盘

（6）蓝牙、车载电话。蓝牙、车载电话是专为行车安全和舒适性而设计的，驾乘人员不需要线缆或电话托架便可实现蓝牙车载免提系统。

（7）后排液晶屏。后排液晶屏是放置在前排座椅的头枕后部或者在前座中央扶手的后部的液晶显示屏，主要用于播放一些视频，方便后排乘客观看，如图 5-65 所示。

图 5-65 后排液晶屏

（8）外接音源接口（AUX/USB/iPod 等）。外接输入接口通过连接外接设备，比如 MP3、MP4、U 盘、移动硬盘等，即可在车载音响中播放外接设备的影音节目。目前常用的音频接口形式有 AUX、USB、存储卡、iPod 等形式，如图 5-66 所示。

图 5-66 USB、AUX 接口

(9) 单碟 CD、DVD。车上配有用以播放 CD 形式的音源设备播放系统，支持单碟播放。车上配有播放器用以播放 DVD 光盘，并且可以在中控彩色大屏观看 DVD 视频影像。

(10) 虚拟多碟 CD。斯柯达明锐的部分车型就采用了虚拟多碟 CD，这种装置是使用内置闪存将多张 CD 内容存储实现多碟效果的 CD 机，也就是说可以把几张 CD 的内容拷贝到相应的存储闪存内，从而使用多碟连播的功能，如图 5-67 所示。

图 5-67　虚拟多碟 CD

(11) 多碟 CD、DVD 系统。多碟 CD、DVD 是指车上配有用以播放 CD、DVD 形式的音源设备播放系统，可一次性放入多张 CD、DVD 的播放器，并且支持多碟播放。按 LOAD 键、序号（1~6）键，插入 CD、DVD；按 EJECT 键、序号（1~6）键取出。如图 5-68 所示。

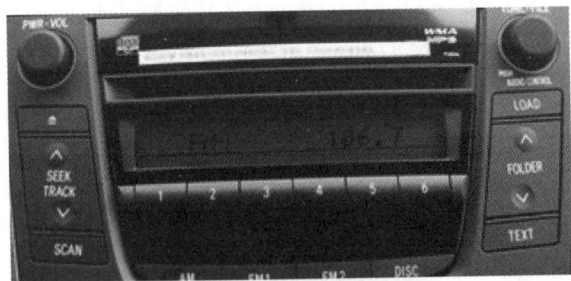

图 5-68　多碟 CD、DVD 系统

(12) 扬声器。是一套音响系统中不可或缺的重要器材。一般包括 2~3 喇叭扬声器系统；4~5 喇叭扬声器系统；6~7 喇叭扬声器系统；8 喇叭及以上扬声器系统，如图 5-69 所示。

图 5-69　扬声器

5.1.3.7　玻璃/后视镜配置

（1）电动车窗。装有电动车窗的车，在各个车门都装有玻璃升降开关的按钮，向上按玻璃上升，向下按玻璃下降。在驾驶员侧的车门上，有 1 个总开关，可以控制各个车门玻璃的升降，还有关闭全车玻璃升降（特别是有 4~5 岁孩子在车上的时候），如图 5-70 所示。

图 5-70　电动车窗按键

（2）车窗防夹功能。车窗防夹功能是一项非常人性化的配置，电动门窗玻璃可在关闭时，遇到小阻力后自动停止，或者改变玻璃上升行程为下降行程，从而防止夹伤，如图 5-71 所示。

（3）防紫外线、隔热玻璃。通过向硅酸盐玻璃中添加氧化钛、氧化二钒等物质使玻璃吸收紫外线；隔热玻璃分 XRB1、XRB3、镀膜隔热玻璃三种，三种玻璃是略带蓝绿色接近于无色的玻璃。其中 XRB1 是磷酸盐吸收玻璃；XRB3 是硅酸盐吸收玻璃；镀膜隔热玻璃是隔热纳米粉体阻隔热量，如图 5-72 所示。

图 5-71　车窗防夹功能　　　　　图 5-72　防紫外线、隔热玻璃

（4）后视镜电动调节。后视镜电动调节是指车外两侧的后视镜，在需要调节视角时驾驶员可以不必下车手动，而在车内通过电动按钮就可以调节，一般设在驾驶座车门上，有8个方向的调节：上—下、左—右、左—右上、左—右下，当然，有些车还配备了后视镜电动折叠功能。它是指汽车两侧的后视镜在必要时可以折叠收缩起来。这种功能在城市路边停车时特别有用，后视镜折叠后能节省很大的空间，特别是走在密集的城市街道，有时只差一个后视镜的距离就能通过，有了它，就可避免自己的爱车受"断耳"之痛，如图5-73所示。

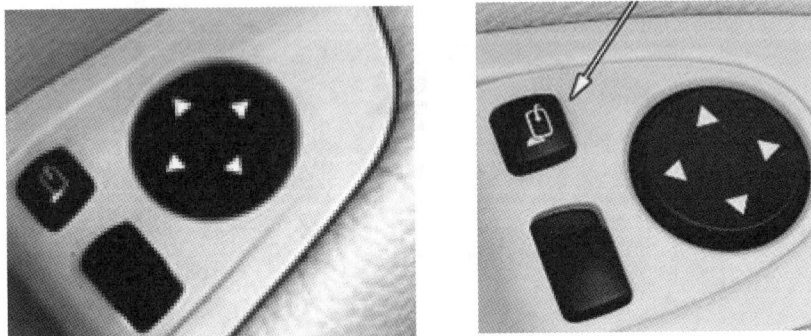

图 5-73　后视镜电动调节和折叠按键

（5）后视镜加热。当汽车在雨、雪、雾等天气行驶时，后视镜可以通过镶嵌于镜片后的电热丝加热，确保镜片表面清晰。

车主打开后视镜电加热装置，电热片会在几分钟内迅速加热至一个固定的温度，一般在35~60摄氏度，从而起到对镜片加热，除雾除霜的效果，给司机带来极大的方便，如图5-74所示。

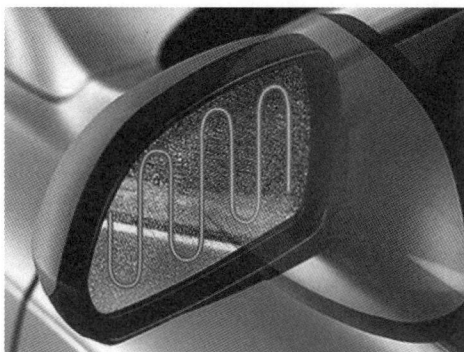

图 5-74　后视镜加热原理

（6）后视镜自动防炫目。夜间行车最大的安全隐患就是视线问题，不仅是因为天黑光线不好，而且各向来车的大灯对行驶安全也有影响；遇上不守规则的司机在后方长期开着远光灯行驶，车内后视镜直接将强光反射入眼睛，俗称"晃眼"，刺眼的强光直接影响到行车的安全，为了减小危险的发生，后视镜防炫目功能应运而生，如图 5-75 所示。

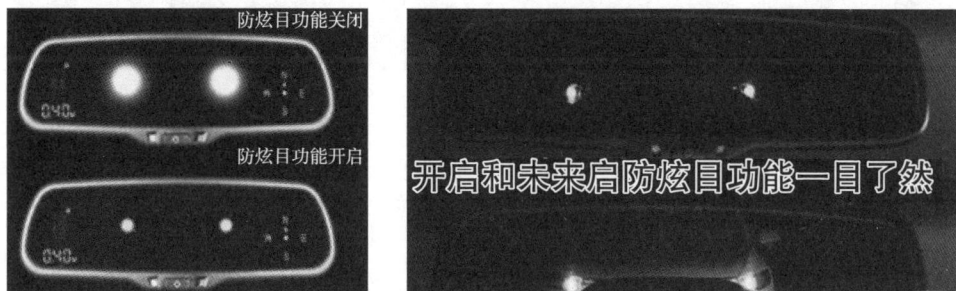

图 5-75　后视镜自动防炫目

（7）后视镜记忆。后视镜的镜面调节设计与驾驶员座椅、方向盘、后视镜构成一个系统，每个驾驶员可根据个人身高与驾驶习惯的不同来调节后视镜的最佳视角，座椅、方向盘最佳舒适性，然后进行记忆储存，如图 5-76 所示。

（8）后风挡遮阳帘、后排侧遮阳帘。AD 旗下车型多数配备了该功能，它是为阻挡从车后照射进来的紫外线而放置于车后窗上的防护帘。后排遮阳帘也分为手动和电动两种。

图 5-76　后视镜记忆按键

后排侧遮阳帘是阻挡车外紫外线照射而放置于车门侧窗的防护帘，如图 5-77 所示。

图 5-77　后风挡遮阳帘、后排侧遮阳帘

（9）遮阳板化妆镜。是指在驾驶员和副驾驶员头部前方的遮阳板里安装的化妆镜，如图 5-78 所示。

图 5-78　遮阳板化妆镜

5.1.3.8　高科技配置

（1）发动机远程启动。通过遥控钥匙来远程启动发动机，该方式同样可以达

到提升驾驶室温度的作用。该功能在国外车中非常常见，在寒冷地区的使用率也颇高，但由于中国大多数地区并不处于寒带，为节省成本，此功能没有被广泛采用，如图 5-79 所示。

图 5-79　发动机远程启动遥控钥匙

（2）自动泊车入位。自动泊车入位就是系统能够自动帮你将车辆停入车位，对于新手来说是一项相当便捷的配置，如图 5-80 所示。

① 探测雷达寻找合适的车位
② 车位合适，启动自动泊车系统，倒入车位
③ 停车入位，调整车身姿态

图 5-80　自动泊车入位

（3）并线辅助。由于车身设计的缘故，反光镜所能提供给我们的视觉范围总会有一些盲区存在，驾驶员的头部又不能总是扭来扭去，这样反而增大了行车危险。也可以称为盲区监测，这一装置的形式是在左右两个后视镜内或者其他地方加设一些装置来提醒驾驶者后方有来车。Volvo 的 BLIS（盲点信息系统）是加设

摄像头，AUDI 的 ASA（侧向辅助系统）是加设小灯，如图 5-81 所示。

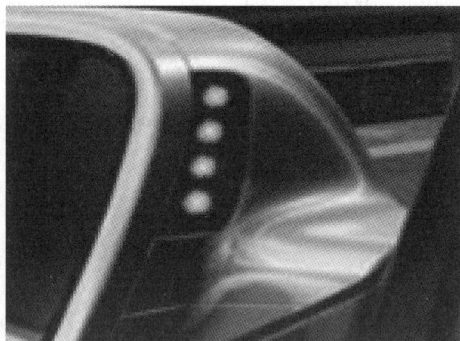

Volvo 的 BLIS   AUDI 的 ASA

图 5-81　并线辅助

（4）疲劳监测系统。比亚迪 G6 装备的疲劳监测系统被称为"疲劳驾驶预警系统（BAWS）"，它是基于驾驶员生理图像反应，由 ECU 和摄像头两大模块组成，利用驾驶员的面部特征、眼部信号、头部运动性等推断驾驶员的疲劳状态，并进行报警提示和采取相应措施的装置，如图 5-82 所示。

图 5-82　比亚迪 G6 的 BAWS

（5）夜视系统。目前汽车夜视系统主要使用的是热成像技术，也被称为红外线成像技术。人类、动物和行驶的车辆与周围环境相比散发的热量要多。夜视系统就能收集这些信息，然后转变成可视的图像，把本来在夜间看不清的物体清楚地呈现在眼前，增加夜间行车的安全性。如图 5-83 所示。

（6）中控台液晶屏分屏显示。通过在同一屏幕发射两个视频信号，同时根据驾驶者与乘客的角度不同，配备不同的滤镜，可以将其中的一个信号过滤掉，来

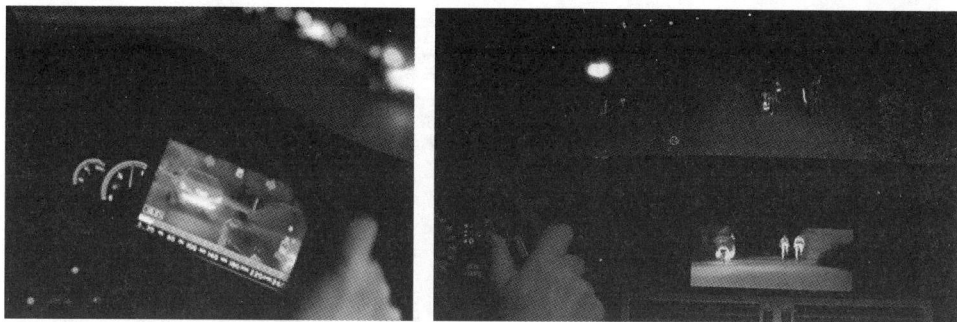

图 5-83　夜视系统

达到在某一位置显示一个画面的效果。而且这两幅画面的方向性比较强，这样在不同座位上的人可以各取所需，互不干扰。目前采用这项技术的仅有奔驰、路虎等高端车，如图 5-84 所示。

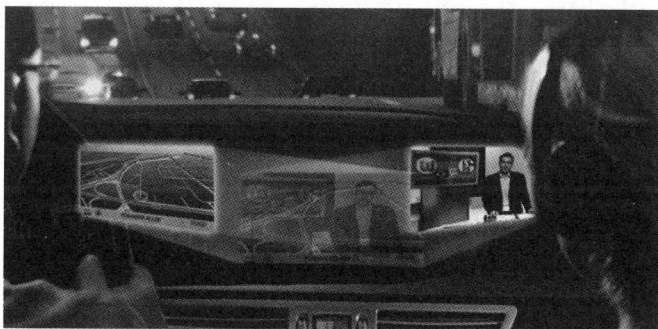

图 5-84　中控台液晶屏分屏显示

（7）全景摄像头。全景摄像头与普通倒车影像系统相比，其核心在于在车头、车侧增加了多个摄像头，通过车载显示屏幕可观看汽车四周 360 度全景融合，超宽视角，无缝拼接的适时图像信息（鸟瞰图像），了解车辆周边视线盲区，帮助汽车驾驶员更直观、更安全地停泊车辆。

景物通过镜头生成的光学图像投射到图像传感器表面上，然后转为电信号，经过模数转换装置转换后变为数字图像信号，再送到数字信号处理芯片中加工处理，之后通过 USB 接口回传给图像处理单元。在图像处理单元中，电脑将对它们进行变形、拼接处理，从而形成一张从车顶鸟瞰的俯视图。这样独特的视角可以很好地帮助缺乏"车感"的驾驶员去理解自己的走向和位置。如图 5-85 所示。

图 5-85　全景摄像头

（8）空气悬挂。空气悬挂的基本技术方案主要包括内部装有压缩空气的空气弹簧和阻尼可变的减震器两部分。与传统钢制汽车悬挂系统相比较，空气悬挂具有很多优势，最重要的一点就是弹簧的弹性系数，也就是弹簧的软硬能根据需要自动调节。例如，高速行驶时悬挂可以变硬，以提高车身稳定性，长时间低速行驶时，控制单元会认为正在经过颠簸路面，以悬挂变软来提高减震舒适性。

（9）刹车优先。刹车优先系统（Brake Override System，BOS），驾驶员踩下制动踏板，无论油门信号怎样，供油系统迅速把油减少到最小，发动机随即降为怠速模式。

（10）电子限速。电子限速的作用是限制车速过高，防止因车速过快造成事故。电子限速器可以实时监测车辆的速度，当车速达到一定值时，它就会控制供油系统和发动机的转速，这时即使踩下油门踏板，供油系统也不会供油。

（11）城市安全系统。城市安全系统（City Safety）是由沃尔沃汽车公司在2010年推出的一项汽车防撞技术，是能够实现自动刹车的主动安全科技。城市安全系统作为一项最新的主动安全技术，能够及时地对车型进行控制，从而帮助司机避免城市交通常见的低速行驶时的追尾事故，大大减少维修车辆的时间与成本，降低人员伤亡率。如图 5-86 所示。

图 5-86　城市安全系统

5.1.4　提供方案

5.1.4.1　价格说明与谈判（异议处理）

在议价过程中销售顾问尽量避免在价格上优惠，可以采用与竞品装备比较和性价比等转移话题的方法，或者通过成本比较方法向客户合理解释价格，也可以通过允许范围内的精品赠送或服务上的优惠等策略来促成交易。

[话术举例]

S：销售顾问　　C：顾客

（1）客户感觉价格太高。

S：俗话说宝剑配英雄，这款车虽然贵一点，但是对您来说最合适不过了，不论是接待客户还是与朋友游玩，它都能尽显您的大气和尊贵，让您在任何时候都非常有面子，您说对吗？

S：如果您觉得这款车 18 万元太贵，那么如果您只需要支付 9 万元就可以把这款车开走，您还觉得贵吗？我们最近和银行合作开展了分期购车活动，您只需要交一半的首付，剩下的一半车款享受零利息、零手续费，在两年内分次还清就可以了，您看这样能接受吗？

S：我能明白您的想法。不过，您看，跟这款车同等排量、同配置的进口车一般在 20 万元左右，而这款车只有不到 10 万元，虽然比您的预算多了两万元，可是您花 10 万元就可以享受到 20 万元的驾车感受，这不是很值吗？

S：这款车虽然是国产的，但它是国产汽车中比较经典的一款，口碑不亚于 XX 车，而且在性能、安全性、舒适度等方面都可以媲美进口品牌，所以这个价格并不算贵。

（2）客户要等降价再买。

S：这款车连续三年被评为保值率最佳的紧凑车型，一位客户 16 万元买的，五年后还卖了 9 万元呢！您一定不希望自己买的车动不动就打折吧？您肯定也想买辆保值的车，是不是？

（3）客户不要赠品。

S：我们这个礼包中的赠品有座椅套、导航、防盗器、脚垫等产品，都是市面上非常不错的品牌，质量方面您大可放心。这些东西在您买车以后都是要添置的，而我们采购的价格比您自己去买要便宜很多，因此这个礼包真的非常超值！

S：这个礼包本来是购买中级车才赠送的，这是我特意帮您申请来的，如果您不要，不但价格无法再低，而且还损失了一个这么超值的礼包，多可惜呀！

（4）你们为什么没有优惠。

S：我明白，现在市场竞争非常激烈，很多品牌经常会搞一些促销活动。但是您想，今天降 5000 元，难保明天不会降 8000 元，您总不希望买车没多久就贬值吧？这款车是我们店的经典车型，所以优惠幅度很小，但是买了以后非常保值，您想想，哪个更划算呢？

S：您说的那款车总价高，利润空间大，即使给出那么大的优惠幅度，其实际价格仍然有些"虚高"，而这款车的利润空间本来就小，我们给出的已经是'实价'了，您完全可以放心！

（5）再少 3000，我就买了。

S：什么？您说再便宜 3000 元啊？对不起！王先生，我有些失态，主要是您这价钱砍得太狠了，我一点心理准备都没有。这个价格我真的没办法答应，不信您可以去别的店看看，没有任何一家店敢给您这个价格的。

S：唉，不是我不答应您，我真的没有这个权限，我给您的价格已经是最低的了。要不您先稍等一会儿，我去请示一下经理，看能不能给您争取一个特批。

（6）价格谈判中客户不断要求优惠。

应对策略：让客户真实了解产品是物超所值的，从产品性能、服务、保值率转移客户的关注点。

C：一部车十几万的价格，怎么连这么小的让利空间都没有？你给点优惠，我今天就定下来。

S：×先生，我理解您的心情，现在市场上不同品牌、甚至相同品牌之间的竞争非常激烈，如果价格上还有空间的话，我一定早就告诉您了，而不会去冒您做出其他选择的风险。

C：你一直说这款车性价比高，性价比高，连一点优惠都没有，怎么体现性价比？

S：×先生，首先，咱们的产品价格相比同级别竞品并不高；另外，您知道，汽车是大宗消费品，它牵扯到许多后续的问题，比如，您买到车以后，要长期使用，那么它的性能表现至关重要；您还要维修保养，那么，它的服务品质不容忽视；当您计划再次升级您的座驾，它的保值率与您的利益息息相关……所有这些，都是我们在产品之外的隐形优势。综合来看，您看上的这部车价格是非常具有竞争优势的。

（7）客户进店就直接针对某一车型议价。

应对策略：通过相应技巧，将谈话导入需求分析等流程，最终达成交易。

C：你不用给我介绍了，这款车，有没有现车？什么价位？你直接告诉我就行了。

S：这位先生，看得出来，您对我们的产品十分了解。对于销售人员来说，像您这样成熟、懂行的客户是十分难得的。这款车有不同的配置和排量，您中意哪一款呢？

C：2014 款 1.6 手动挡。

S：喜欢手动挡的是真正喜欢驾车的人。您是自己用呢，还是和家人一块儿用呢？

（8）客户订购的车辆（配置、颜色）需要等待较长时间。

应对策略：关注客户，及时告知客户车辆订单情况，通过话术适当引导客户转移订单。

C：我觉得这个颜色好，就订这个颜色的吧。

S：×先生，我们的产品有着丰富的色彩方案。这款黑色确实不错，很多客户都选了这个颜色。不过我有个建议，这种颜色比较大众化，而您的职业可能需要彰显您的个性。您可以考虑一下蓝色，我觉得这个颜色个性更强。

C：是不是黑色的更气派一些？

S：黑色庄重，蓝色比较炫。您刚才说过，您太太也会开车，个人觉得蓝色的更适合您的情况，而且这个颜色订货周期更短，×先生，您可以综合考虑一下。

（9）在车辆展示过程中，客户表示了解配置，不需介绍。

应对策略：销售顾问应马上寻找原因，并针对需求分析时客户的专注点，有重点地进行介绍。

C：不用了，这车的配置情况我都清楚，你不用给我讲解了。

S：×先生，一看您就是对这款车非常了解，有人给您介绍过吗？

C：朋友的车，我出门开过几天，而且在网上也做过一些了解。

S：×先生，既然您对这款车非常了解，我就不多做介绍了。不过这车有几个功能非常适合您太太这样驾龄比较短的人的需要，我给您总结一下：它拥有倒车影像系统兼容可视驻车功能、可以自动泊车入位……

（10）客户订车之后要求更换颜色。

C：喂

S：×先生，您好！

C：小 S，当时订车不是订的灰色吗，这两天我考虑了一下，你帮我换成黑色的吧。

S：可以，×先生。想问一下您为什么想要换成黑色的呢？

C：我觉得还是黑色的稳重。

S：没有问题！×先生，不过我个人觉得灰色更好看一些。黑色大气，灰色雅致。

C：是吗？我留心了一下，小区里面这款车基本都是黑色的。

S：确实很多客户都喜欢黑色的，而且在街上看，黑色的轿车是最多的。不过我们店里选择灰色的，大部分都是中高层领导、教师这些素质很高的精英人群。当然了，如果您还是觉得中意黑色，我这就帮你重新下订单。不过，重新订车，可能等待周期较长，您可以权衡一下，×先生。无论您喜欢哪款，我们都会力求做到让您满意。

(11) 客户不愿试驾。

S：×先生，我这就给你安排试乘试驾，您可以亲自体验一下 ZZ 的各项功能。

C：试驾就不用了。这车我开过，基本功能我都知道。

S：看得出来，您对这车确实很熟悉。不过，×先生，您以前开的是熟人的车吧？

C：嗯。

S：如果始终处在常规情况下，您对车的感受和体验会比较单一。我们设计的路线，充分考虑到各种路况。而且，专业的试驾专员会模拟一些非常规的情况，让您在很短的时间内，对产品有充分的了解。您放心，不会耽误您很长时间的（让客户了解一点——只有通过试驾才能充分了解产品的性能特点以及是否适合自己的需要）。

(12) 客户不愿意留下电话。

S：×先生，您方便留一下您的联络方式吗？

C：哦，电话就不用留了吧，有需要的话我给你电话。

S：×先生，我理解您的想法，现在确实存在商家滥用客户信息的情况。不过您放心，在这里，您的电话我们会绝对保密，不会泄露给任何个人或机构。

C：留个电话倒是可以，但你们不会总打电话给我吧？

S：不会的，×先生，厂家和公司经常不定期举行优惠活动，很多对于购车用户来说是很实惠的。到时候我们可以通过短信告知您，如果有兴趣，您再回电话详细了解，这样更有助于您购车。

(13) 客户提出新车里程数过高。

C：这台新车的里程怎么这么高啊？

S：×先生，您真是一个细心的人，其实我们的车并非生产下线后就直接销售，新车下线交付给客户之前要进行详细的检车和路试才会出厂，这将不可避免的产生里程，但同时也是为了确保您的爱车在交付您之前是完全合格的产品。

(14) 主导型客户。

特点：强势好胜、具有竞争性、好奇、武断、不够耐心、感情用事。

C：我觉得还是这个配置最适合我。

S：×先生，看您的谈吐能感觉到您的事业一定有成，我觉得您看问题直接、准确。总能一下抓住核心，只有长期处在决策位置的人才会有这种能力和气场。这款车型一共有三种配置，我想根据您的预算和需求给您一个小小的建议。

C：这个功能到底有什么用呢？对我来说具体能有什么用？

S：它是主动安全配置的一种，可以保障行车过程中车内人员的安全。对您而言，可能最关键的还是看这些功能所带给您的感受。所以，我建议您在一会儿的试乘试驾中充分体验一下，也许更有说服力。

(15) 表现型客户。

特点：情感外露、喜欢诉说、永不休止、活跃、能言善辩。

C：这款车的配置和功能我基本了解了，你能不能再具体说说这款车的动力性呢？

S：×先生，您太专业了，您对我们的产品实在是太了解了，在您面前讲解，我的压力太大了。我这个做销售顾问的，跟您也学到了很多专业知识。其实，这款车的动力相当强劲，具体来说……

C：其实在来这之前我也去看过其他品牌的车，不瞒你说，对这两款车我都很了解。他们都有不同的优势。因此我要再考虑一下。

S：看得出来，您非常缜密、细致，您的分析也非常的全面。针对您的想法，我帮您再具体分析一下，好吗？

（16）友善型客户。

特点：和蔼、容易相处、倾听者、犹豫不决、依赖、善解人意。

C：小S，谢谢你的讲解，你讲解得很详细啊。

S：×先生，谢谢您的夸奖。您是一个素质非常高的人，跟您在一起感觉非常愉快，也希望能和您成为朋友。

S：×先生，最近温差很大，要注意身体，要不要来点热饮？

C：谢谢，不用了，只是我的鼻炎犯了。

S：您也有鼻炎？我有个朋友有治鼻炎的方法，到时候我发到您的邮箱吧。

（17）分析型客户。

特点：较少表露感情、很多询问问题、多疑、精确、讲究逻辑、仔细、严肃。

C：据我了解，这车好像有些小问题，而且现在在网上也有一些负面的报道。

S：可以看出×先生平时一定非常关注这款产品。其实，您可以换一种角度，从市场的表现来看，这款车还是得到了广大消费者的认可。当然，汽车跟其他产品一样，在使用过程中可能会出现一些问题。但我们提供的售后服务将保障车主用车安全。

C：你说的这个油耗数据，有什么来源？有依据吗？

S：×先生，我说的这个油耗，是工信部官方发布的权威数据。您也知道，油耗不是一个绝对的数字，在不同工况和不同驾驶习惯下，会产生不同的油耗。

不过，我给您提供的数据还是具备参考价值的。

5.1.4.2 精品推介

汽车精品也称汽车附件，主要是以美化车室环境，提高乘车舒适性、便捷性和安全性，降低驾车疲劳等产品为主，能为客户带来特别温馨、赏心、安心、放心和舒心的汽车用品；可理解为"汽车装饰"，也可理解为"汽车加装与配装、换装与调校、强化与升级"等，那些能为汽车提供美化、加装及养护功效的产品也属于这个范畴；这一词汇起源于西方发达国家，到今天已经达到了非常完善的地步，我们也形容其为"汽车保姆"。在我国，主要的经营模式以4S店品牌经营、快修连锁经营、私营小型门店、汽车装饰市场、汽车用品超市等为主。

本书以常见精品为例，下面具体介绍。

（1）外装精品。前后下护板、侧脚踏板、车顶扰流板、发动机下护板、牌照框、前后保险杠饰条、门雨眉、轮眉、挡泥板、车身彩贴、门边护条、前雾灯饰框、前杠角护条、车衣、铝合金轮毂、侧包围、双曲蓝镜片组合、发动机盖彩条、尾喉、无骨雨刷、减震胶套、掸子等。

（2）内饰精品。座椅套、真皮座椅套、汽车香水、旋转坐垫、地毯、脚垫、LED迎宾踏板、行李箱垫、行李箱网、行李箱托盘、记忆棉靠垫、发动机平衡杆、金属挡杆、多功能方向盘、桃木内饰、方向盘套、手刹套、护颈枕、室内后视镜套、安全带套、纸巾盒套、活性炭除味、儿童安全座椅等。

（3）电装精品。防盗报警器、氙气大灯、胎压监测系统、电子防炫目车内后视镜、前后雷达系统、运动喇叭、自动雨刷、自动头灯、电子狗等。

（4）影音导航组合。智能语音导航、USB接口、视频播放、多媒体图片存储、倒车可视系统、侧可视系统、多媒体导航系统、DVD、3G蓝牙、4G蓝牙、后排影音娱乐系统、4门喇叭升级、高低音炮加装等。

（5）其他精品。太阳膜、智能钥匙套、犀牛皮漆面保护膜、防盗螺母、折叠桌椅套件、旅行箱、车载电子防盗箱、收纳箱、空气净化器、修甲套装、长柄自动雨伞、军刀、防滑贴、品牌汽车纪念表、竹纤维毛巾套装、折叠自行车等。

实战中，通常以赠送和精品套餐两大类为客户提供选择，赠送精品一般以地毯、脚垫、挡泥板、发动机护板、掸子等为主。精品套餐一般包括 A、B、C 三个类别，A 类套餐主要是以外装精品组合为主；B 类套餐主要是以内饰精品和电装精品的组合为主；C 类套餐则以电装精品、影音导航和其他精品的组合为主，当然，也可以根据客户的需求自由选装。

5.1.4.3 汽车保险报价

汽车保险是以汽车、电车、电瓶车、摩托车、拖拉机等机动车辆作为保险标的的一种保险。车辆保险具体可分交强险和商业险。商业险又包括车辆主险（也称基本险）和附加险两个部分。本书只介绍家庭自用车的交强险费用，其他用车不做介绍。

（1）交强险：交强险是"机动车交通事故责任强制保险"的简称，是一份机动车辆必须购买的强制保险，由保险公司对被保险机动车发生道路交通事故造成受害人（不包括本车人员和被保险人）的人身伤亡、财产损失，在责任限额内予以赔偿。2006 年 7 月 1 日起全国统一开始实行交强险，最新版本的交强险条款于 2008 年 2 月 1 日实施。对于家庭自用车来讲共分为两个档，6 座以下和 6 座以上，6 座以下每年 950 元，6 座以上每年 1100 元。

交强险的主要内容见表 5-1。

表 5-1 交强险内容

单位：元

	机动车在道路交通事故中有责任的赔偿限额	机动车在道路交通事故中无责任的赔偿限额
死亡伤残赔偿限额	110000	11000
医疗费用赔偿限额	10000	1000
财产损失赔偿限额	2000	100

（2）商业险。商业险包括车辆主险（也称基本险）和附加险两个部分。主险包括商业第三者责任险、车辆损失险、全车盗抢险、车上人员责任险共四个；附加险包括玻璃单独破碎险、车身划痕损失险、自燃损失险、不计免赔率特约条款，等等。商业险一共有数十种之多，车主不可能也不需要全部投保。

新车商业险一般保商业第三者责任险、车辆损失险、车上人员责任险、玻璃单独破碎险、车身划痕险、不计免赔率特约条款等。

第三者责任险（简称三者险）是指被保险人或其允许的驾驶人员在使用保险车辆过程中发生意外事故，致使第三者遭受人身伤亡或财产直接损毁，依法应当由被保险人承担的经济责任，保险公司负责赔偿。每次事故的责任限额，由投保人和保险人在签订保险合同时按 5 万元、10 万元、20 万元、50 万元、100 万元的档次协商确定。对应的保险金额是 801 元、971 元、1120 元、1293 元、1412 元。

车辆损失险是车辆保险中用途最广泛的险种，它负责赔偿由于自然灾害和意外事故造成的自己车辆的损失。无论是小剐小蹭，还是严重损坏，都可以由保险公司来支付修理费用。一般来说，它的保险费用约占购车费用的 1.2%。

车上人员责任险负责赔偿保险车辆由于交通意外造成的本车人员伤亡。车上人员责任险算是车辆商业险的主要保险，它主要功能是赔偿车辆因交通事故造成的车内人员伤亡的保险。这个保险对于车主们都很重要，因为在车内的人员一般都是自己身边重要的人，为他们买一份保险的安全，也是必要的。一般是按驾驶员和乘员进行投保，额度 1 万~10 万元不等，人数也是由车辆额定人数确定。一般每人 50 元的保险金额。

玻璃单独破碎险是指被保车辆只有挡风玻璃和车窗玻璃（不包括车灯、车镜玻璃）出现破损的情况。即保险公司负责赔偿保险车辆在使用过程中，发生本车玻璃单独破碎的损失的一种商业保险。一般分为国产玻璃和进口玻璃两个档次，国产玻璃按购车价的 0.15% 计算，进口玻璃按购车价的 0.25% 计算。

车身划痕险是车损险的附加险，保障责任是"他人恶意行为造成保险车辆车身人为划痕"，划痕险的保费并不高，一般在几百元左右。保障家庭自用车辆、非营运车辆。无明显碰撞痕迹的车身划痕损失，保险人负责赔偿。现阶段一般都是付 400 元的保险金额得到 2000 元的赔付。

不计免赔率特约条款通常是指经特别约定，保险事故发生后，按照对应投保的主险条款规定的免赔率计算的、应当由被保险人自行承担的免赔金额部分，保险人负责赔偿，属于附加险的一种。它的保险金额是车辆损失险和第三者责任险总和的 20%。

5.1.4.4 汽车贷款

汽车贷款是指贷款人向申请购买汽车的借款人发放的贷款，也叫汽车按揭。借款人必须是贷款行所在地常住户口居民、具有完全民事行为能力。4S 店通常也采用这种方法为那些要用车但资金不足的客户提供贷款服务。一般来说，有两种方式可供选择：一是汽车金融公司贷款；二是信用卡分期贷款。

通过汽车金融公司贷款购车，除了方便快捷以外，申请门槛不高，这种方式不仅能拉动销售，只要消费者具有一定的还款能力，并且支付了贷款首付，就能够申请到贷款。不过需要知道的是，汽车金融公司贷款购车，贷款成本通常比较高，一般您除了需要支付贷款利息费外，还有手续费等一系列的费用产生。而最低首付 20%，贷款期限 1~5 年，贷款年利率 10% 以上，手续费最少也是 2000元。流程：4S 店内选车→申请融资→审批→提车。上海通用、长安福特、一汽大众、一汽丰田等常见国内品牌汽车都有自己的汽车金融公司。以汽车金融公司100000 元贷款，24 期还完，10.48% 的年利率计算，月还款金额约 4800.34 元。

信用卡分期购车是银行机构与汽车 4S 店合作推出的一种信用卡分期业务。持卡人可申请的信用额度为 2 万~20 万元；分期有 12 个月、24 个月、36 个月三类；信用卡分期购车不存在贷款利率，银行只收取手续费，不同分期的手续费率各有不同，贷款额部分也随期数均分还给银行，首付最低 3 成。以 10 万贷款，24 期还完，7% 的手续费为例计算，手续费 7000 元（手续费需在第 1 个月的还款日同月固定还款一同还给银行），月固定还款额为 100000/24=4166.67 元。

综合以上两种贷款方式的对比，大家不难看出选择汽车金融公司贷款 24 期后本息合计 117208.16 元；选择信用卡分期购车 24 期后本费合计 107000 元。销售顾问需根据客户的具体情况帮助客户选择合理的贷款购车方式。

5.1.4.5 二手车置换

二手车置换，是用手上的二手车来置换新车，就是将卖旧车和买新车两个过程合并成了一个过程。主要是同品牌内的旧车换新车。具体内容不在这里赘述。

5.1.5 交付新车

交付新车是整个销售流程最后一个环节，实战中，除了课程导入中的内容外，很多经销商都为客户办理相关上牌手续，主要有以下几个工作给大家介绍：

5.1.5.1 店内手续

（1）购车发票。客户交付全款后，店里开具机打发票。即电脑六联式发票，第一联发票联（购货单位付款凭证，如图 5-87 所示），第二联抵扣联（购货单位扣税凭证），第三联报税联（车购税征收单位留存），第四联注册登记联（车辆登记单位留存），第五联记账联（销货单位记账凭证），第六联存根联（销货单位留存）。第一联印色为棕色，第二联印色为绿色，第三联印色为紫色，第四联印色为蓝色，第五联印色为红色，第六联印色为黑色。发票代码、发票号码印色为黑色。

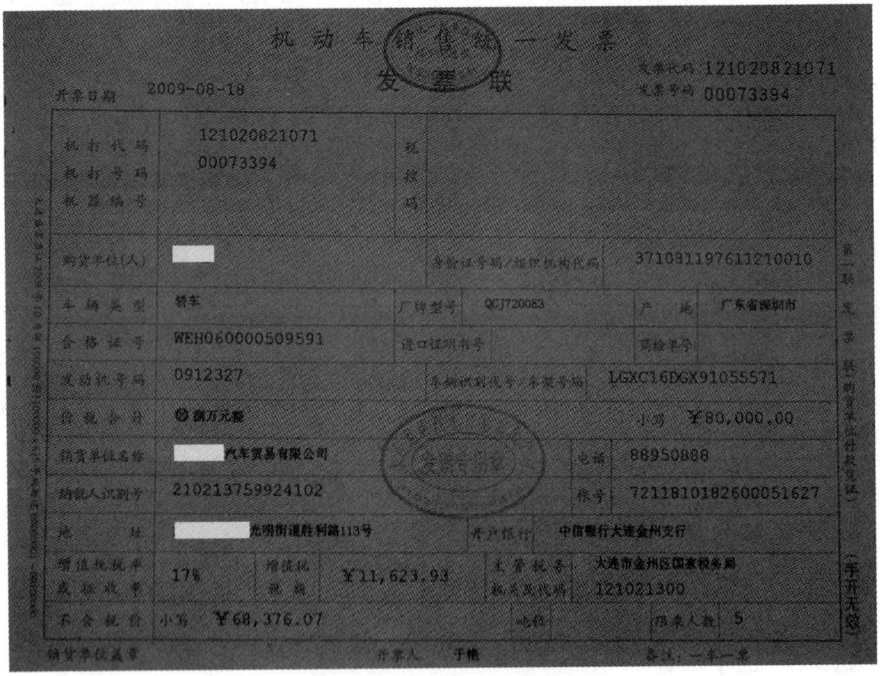

图 5-87　购车单位付款凭证

（2）保险凭证。汽车保险凭证主要有两大类：一类是保险单（含交强险和商业险，如图 5-88 所示）；另一类是保险卡，如图 5-89 所示（贴在车内前风挡右上角，此处也是粘贴车辆合格标志和环保贴的地方，如图 5-90 所示）。

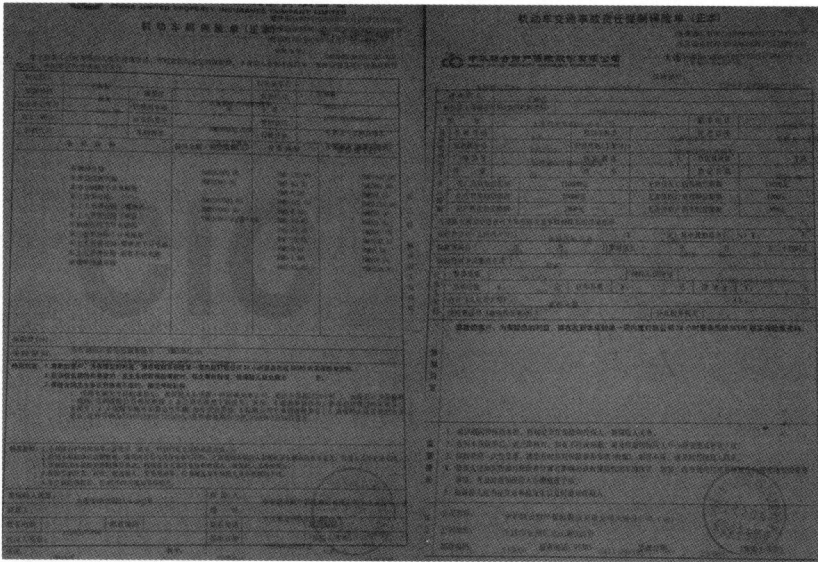

图 5-88　机动车保险单

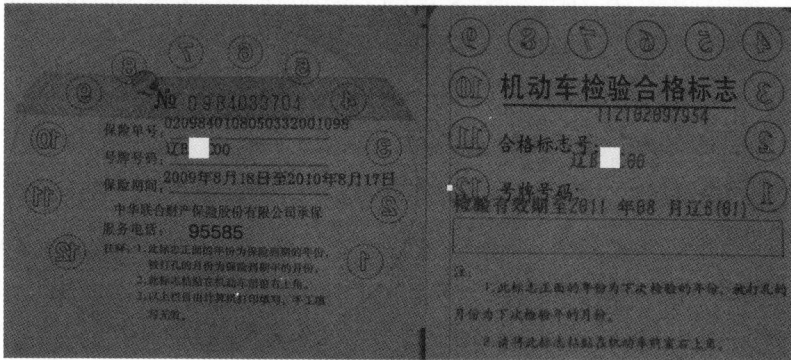

图 5-89　交强险卡

图 5-90　车辆合格证标志和环保贴

（3）报税单。

（4）临时牌照。指新购车辆在未正式落户前由公安车管部门发放的临时车辆行驶证明（2个）。临时车牌的有效期一般不会超过三十天，需放在汽车前后风挡显眼位置（如图5-91所示）。

图5-91　临时牌照

（5）车辆合格证、车辆一致性证书。车辆合格证是汽车另一个重要的凭证，也是汽车上户时必备的证件。只有具有合格证的汽车才符合国家对机动车装备质量及有关标准的要求。车辆一致性证书是根据国家认监委2008年第1号公告关于修订《机动车辆类（汽车产品）强制性认证实施规则》的公告对车辆的一致性进行认证的证明（如图5-92所示）。

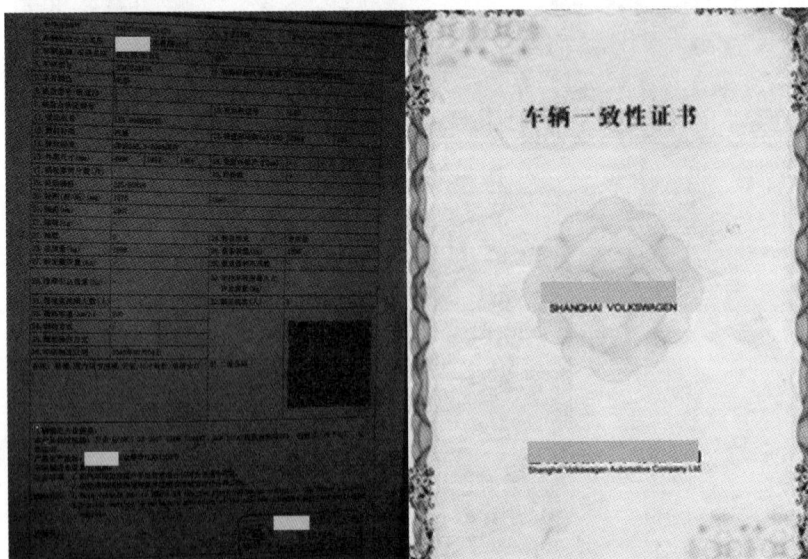

图5-92　车辆合格证、车辆一致性证书

5.1.5.2 国税局手续

有以上单据，再有车主身份证件就可以去国税局办税了。报税时须有车主身份证原件、复印件、报税单、购车发票第三联、银行卡即可。办理购车缴税的计算方法是购车价格/11.7。例如，客户购车花费 100000 元，购置税是 100000/11.7≈8547 元。这时，车主会拿到车辆购置税完税证明（如图 5-93 所示），其中税讫页办牌时交车管所。

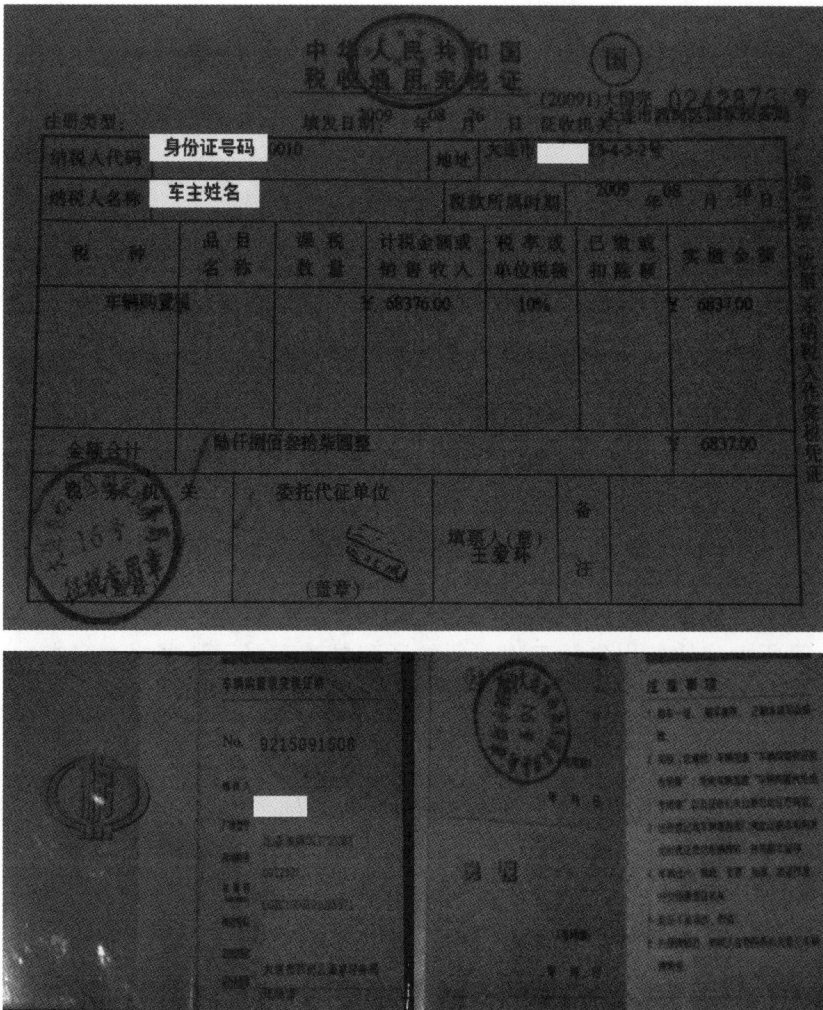

图 5-93 车辆购置税完税证明

5.1.5.3 车管所手续

这是办牌流程中最后一个环节，准备好购车发票第四联、交强险（正本）、购置税税讫证明、车主身份证原件和复印件就可以去车管所办理上牌手续了。以辽宁省为例，车主选号有三种方式。

一是在车管所窗口现场拍号，工作人员为车主提供 10 个车号牌，可任选其一，若车主不满意，可重新排队选号。

二是车管所选号机自助选号，但均为数字与字母穿插的号码。

三是网上选车号。登录辽宁公安交通管理信息网（www.lnjj.gov.cn）；点击进入"网上车管所"；点击进入"网上自编选号"功能模块；在显示的地图上选择住所所在辖区城市板块点击进入。

输入：①机动车所有人或单位名称；②身份证明名称（个人录入"居民身份证号"，单位录入"组织机构代码证"）；③身份证明号码（居民身份证号码或组织机构代码证号码）；④车辆识别代号（俗称车辆"大架子号"）；⑤购车发票号码；⑥验证码。

点击"确定"进入选号界面，按照相应规则选择自己喜爱的号牌号码。

点击"确定"，如该号码未被使用，系统则提示选号成功，再次点击"确定"，进行最后确认；如该号码已被使用，系统在提示号码已被占用的同时显示 20 个字母或数字类似的号码供选择，如果没有喜爱的号码可返回重新选择，只要不点击"确定"键，24 小时之内，可重复选择 30 次。

车管所上牌的费用包括车牌、行驶证和机动车登记证书（大绿本），如图 5-94 所示。行驶证是随车必带的证件，而机动车登记证书只是在车辆过户时使用。

5.1.5.4 相关费用

这里，我们以 100000 元家用轿车（1.8L）为例，为大家计算一下使用 6 年的相关费用。

（1）购车相关费用。

● 购车费用：100000 元。

● 购置税：8547 元。

● 保险费：4912 元。包含车损险 1200 元，三者险 1293 元，不计免赔 499

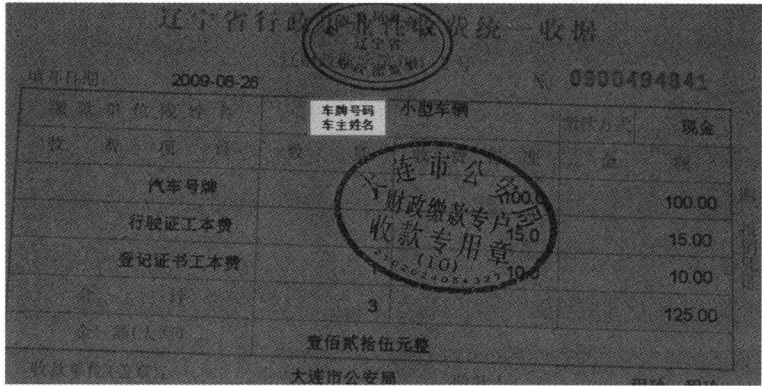

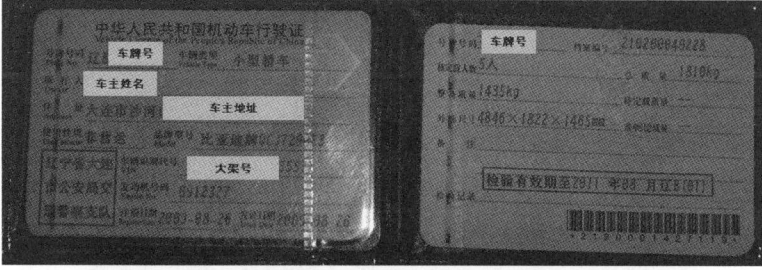

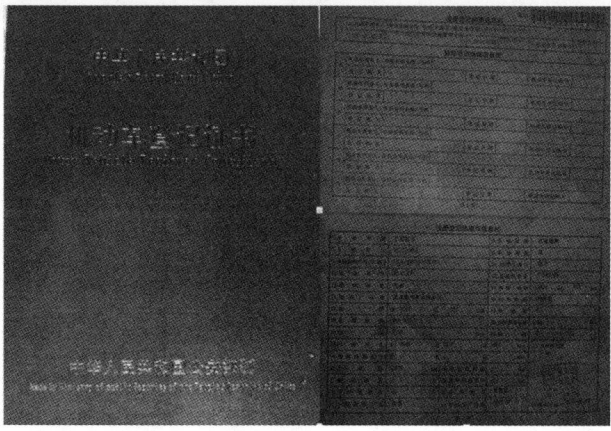

图 5-94　行驶证、机动车登记证书

元，划痕险 400 元，玻璃险 150 元，交强险 950 元（车主投保一年没出险，第二年递减 10%，即 855 元；第二年没出险再递减 10%，即 760 元；第三年没出险再递减 10%，即 655 元；至此不再降低，相反则上浮），车船税 420 元（车船税按排量缴纳的费用是不同的：1.0L 以下 300 元，1.0L~1.6L 为 420 元，1.6L~2.0L 为 480 元，2.0L~2.5L 为 900 元，2.5L~3.0L 为 1800 元，3.0L~4.0L 为 3000 元，4.0L 以上为 4500 元）。

● 上牌费用：125 元。

● 装饰费用：约 2000 元（花销多少因人而异，多数装饰为车窗玻璃贴膜、脚垫、凉垫、棉垫、后备箱垫、挡泥板等）。

合计：约 115584 元。

（2）养车相关费用。我们以私家车年行驶里程 20000 公里为例，计算一下使用 6 年的养车相关费用。

● 保险费用：约 20000 元（主要与车主出险次数相关）。

● 汽油费用：约 67200 元（以百公里油耗 8 升，每升 7 元，56 元/100 公里，年行驶 20000 公里）。

● 高速费用：约 3000 元（我国高速公路每公里行驶费用 0.3~0.5 元，以 0.5 元/公里计算年行驶 1000 公里）。

● 停车费用：约 24000 元（小区停车 3600 元/年；每周末外出停车 400 元/年）。

● 洗车费用：约 6000 元（以 20 元/次，每年 50 次）。

● 违章罚款：约 1000 元（违停、不按导向车道行驶、闯红灯、绿灯跟进等）。

● 保养费用：约 9000 元（由于车型品牌不同，保养费用也不尽相同。使用的配件品牌、油品等忽略不计，养车费用以表 5-2 所示为例，仅供参考）。

● 检车费用：由于 2010 年 9 月 1 日之后注册车辆实行新车 6 年免检，此项忽略不计。

合计：约 130200 元。

两项共计：约 245784 元，使用 6 年每日花费约 112 元。

表 5-2 养车费用示例

里程	机油	机油滤清器	空气滤清器	空调滤清器	刹车油	变速箱油	转向助力油	火花塞	正时皮带	费用
5000	●	●	○	○	○					免费
10000	●	●	●	○	○					200
15000	●	●	○	○	○					180
20000	●	●	●	●	○					220
25000	●	●	○	○	○					180
30000	●	●	●	○	○					200
35000	●	●	○	○	○					180
40000	●	●	●	●	●	●	●	●		600
45000	●	●	○	○	○					180
50000	●	●	●	○	○					200
55000	●	●	○	○	○					180
60000	●	●	●	●	○					220
65000	●	●	○	○	○					180
70000	●	●	●	○	○					200
75000	●	●	○	○	○					180
80000	●	●	●	●	●	●	●	●	●	1200
85000	●	●	○	○	○					180
90000	●	●	●	○	○					200
95000	●	●	○	○	○					180
100000	●	●	●	●	○					220
105000	●	●	●	○	○					180
110000	●	●	●	○	○					200
115000	●	●	○	○	○					180
120000	●	●	●	●	●	●	●	●		600

注：①●为更换；○为检查注。

②防冻液每 2 年更换 1 次，每次 100 元；电瓶每 4 年更换 1 次，每次 400 元；轮胎按照里程或年份更换 10 万公里或 5 年，约 2000 元；雨刮每年更换 1 次，6 年约 300 元；刹车片 5 万~6 万公里更换，每次 250 元。

5.2　缔约成交实操

5.2.1　实操内容

缔约成交工作内容如表 5-3 所示。

表 5-3　缔约成交工作内容

项目	考核点	备注
缔约成交	汽车保险的推介	
	汽车精品的推介	
	汽车贷款的推介	
	价格谈判与异议处理	

【要　求】

（1）精神面貌：礼仪规范，亲和力强，充满自信。

（2）肢体语言：姿态良好，眼神专注，手势运用恰当。

（3）实操结束后，注意用具摆放整齐，保持桌面及周围环境的整洁。

（4）每组出两位学员，扮演客户与销售顾问，并模拟缔约成交的情景。

（5）销售顾问语言逻辑清晰，简明扼要，有影响力。

【训　练】

题目 1

王先生，单身贵族，通过之前销售顾问的讲解和试乘试驾，准备购车，由于手头资金有限需贷款购车，车型为 DFRC 旗下任何一款。

题目 2

马先生，某企业工程师，自己现有一台车。想照顾夫人上下班接送小孩，家中需再增添一台车。通过试乘试驾打算购车，对保险、精品和保养非常熟悉，车型为 DFRC 旗下任何一款。

题目 3

黄先生，企业中层干部，由于企业搞车改，所以准备给自己买一台车。在先前流程中，黄先生对 DFRC 旗下的一款车非常感兴趣，打算购车，但对保险和精品不太了解。

题目 4

宋女士，某服装批发老板。从事工作 10 年，赚了不少钱。最近发现身边的很多朋友都开始买车，于是宋女士跟先生商量也想购一台车，方便上下班用，有时候也可以拉点货。夫妇俩听了销售顾问的车辆介绍和试乘试驾，打算购买该车，但对保险和精品不太了解，车型为 DFRC 旗下任何一款。

题目 5

张先生，国家公务员，准备今年春节前结婚。想购买一台轿车，准备婚后使用，在销售顾问的介绍和试乘试驾后，打算购车，但资金有限，对保险、保养和精品一点不了解。

5.2.2 实操考核

测试一：流程考核内容如表 5-4 所示。

表 5-4　缔约成交考核内容

考核内容	配分	考核点	扣分	得分
语言表达	18	口齿不清晰、不流畅扣 4 分；内容无条理、不富逻辑性扣 2 分；用词不准确、不恰当、没有分寸扣 2 分；语音、语调、语气不得当扣 2 分		
车险、贷款、精品推介	30	未向客户确认合同及相关文件的信息（购买人、使用人、车型规格、交车日期、车价费用、保险费用、上牌费用、精品项目、贷款、付款方式等）（少介绍一项扣 2 分），未详细说明以上关键条款扣 5 分		
交付相关单据	20	模拟中，销售顾问未将合同（副本）交付客户扣 4 分；未交付相关文件的客户联及发票给客户（少介绍一项扣 4 分）；未迎接客户、向客户表示祝贺扣 4 分；未引导客户到洽谈室或沙发区扣 4 分；未主动向客户以及同行人员提供饮料扣 4 分		
交车	12	模拟中，未出示《车辆检查表》扣 2 分；未邀请客户检查车辆状况扣 2 分；未要求客户在《交车确认表》上确认扣 2 分；未向客户讲解车辆有关设施的调整方法、操作方式扣 2 分；未回答客户的疑问扣 2 分；未确认客户是否已清楚使用方法扣 2 分		
应变能力	10	有压力状况下思维反应敏捷；情绪稳定，考虑问题周到		

考核内容	配分	考核点	扣分	得分
创新意识	10	创新的思维方式；处理问题的创造性方法		
总分	100	得分		

测试二：面试（现场答辩）。

（1）李某与其朋友一同来店，李某对贵公司的汽车非常满意，但是其朋友对此车评价一般，并且希望李某放弃购买此车，作为销售顾问的你会怎么办？

（2）现在贵公司正在推广一款新车，此时一位客户来店咨询，你会首推这款新车，还是会问清楚客户需求后再为其推荐一款更适合他的车型？为什么？

（3）顾问式销售应该站在客户的角度，从消费者的需求出发，为其选择最适合他的产品。但是当客户并不了解该产品，却又不愿意接受你的意见时，你该如何处理？

（4）假如你是YQVW汽车的销售顾问，一位客户看中了一汽系列产品中的某一款汽车，但是该客户却因为近期在央视"3·15"晚会曝光的"大众DSG变速箱存安全隐患"后，而担心汽车的质量，作为销售顾问的你该如何解决？

（5）在销售汽车的过程中，销售顾问会通过提问来了解客户的需求，从而进行需求分析，并且为客户提供一款合适的汽车，当一名客户不愿意回答你所提及的问题时，你会怎样处理？

（6）汽车展厅里，王先生带了一位业内人士一起来看车，王先生是住宅装修承包商，对于Bora在性能、外形及售后服务方面都已经认可，但还是拿不定主意。你看他比较有诚意，报了比较实在的价格，并告诉他："近期内Bora车没有促销活动，我给你的价格已经非常实在了。"王先生说："但我看杂志分析说年底大部分车型都调整要降价，尤其这种家庭用车。我想等几个月再看看吧。"作为销售员，你该如何处理？

（7）前置后驱车与前置前驱车比较，有哪些优势？

（8）作为销售顾问，你知道某一款车在某一方面存在明显不足，你还会极力向顾客推荐这款车吗？为什么？

（9）一位新客户看中某个品牌的车，但他从朋友那里听说该品牌的售后服务不尽如人意，你作为销售顾问该如何消除顾客的顾虑？

（10）顾客看上了一款车，内心觉得价格偏高。当他坐在驾驶室时，摆弄各种功能，就不停地抱怨这不好、那不好，你如何回应顾客？

（11）顾客多次到店看同一款车，却一直说另一个品牌的车好。这次你如何回应顾客，达成交易？

（12）某顾客对该车每个方面都很满意，价格也合适，但最后有一个要求是把备胎换成全尺寸轮胎，不换就不买车了。你如何应对？

（13）一个月收入 3000 左右的工薪阶层顾客，喜欢越野车，可是觉得耗油量太大，同时又认为小汽车不好看，你作为专业的销售顾问，该如何帮助消费者选购让他满意的车型？

（14）客户来店购车，他看中的那台是已经被订购但还没有被客户提走的车，而订购者约定明天来店提车。这位顾客愿意给销售顾问额外的补偿，现在提车，你会让客户提车吗？

（15）一对夫妇来店购车，而两个人对车的偏好不一致，于是在展厅争论起来，你作为专业的销售顾问，如何处理他们之间的分歧，使交易顺利达成？

（16）一位顾客在展厅看车，他发现自己喜欢的一款车的真皮座椅接缝处有开线的迹象，便问销售顾问，你们展厅的车都这么差，那卖给车主的车子问题岂不是更多吗？你如何回答，让顾客对该车重拾信心？

（17）李某与朋友一同来到 4S 店，销售顾问向顾客推介某车型的变速箱是手自一体变速器，性能极高，性价比也很不错，但李某的朋友却说："不过是其他公司的过时产品。"如果你是那位销售顾问，你该如何打破僵局？

（18）车展期间，王先生看中了贵公司的一款新车，并且愿意出高价购买，却被告知此车尚未在国内出售，仅用于广告宣传，你如何满足顾客的需求？

（19）张某去一个国产车 4S 店选购车辆，他觉得车好不好看无所谓，关键是安全性能要好，但他发现配置了较高级别安全配置的车比有很少安全配置的车价格要高得多，于是便问销售顾问，为什么会有如此大的差距。你作为销售顾问，应如何回答？

（20）客户来到 4S 店，询问某车型的价格，在得知最大优惠价后，向销售顾问说："同城另一家 4S 店里同款车型比你们这还便宜 2000 元，而且还有装饰送，你们这不是全国统一售价吗？为什么还会存在这么大的差距？"作为销售顾问，你该如何作答？

（21）王某在 4S 店购车，已经挑选好车，对销售顾问小李说只要试车满意就购车了。但是小李发现公司的试驾车正在进行保养，王某听到这个消息很不满意，接着对小李说，你们的试驾车应该是首先满足客户需求，却在这时进行车辆保养。小李应该如何化解这次信任危机？

（22）张某到 4S 店购车与销售顾问交谈甚欢，但当谈到付款时却无言，作为销售顾问，当你遇到此类问题时，该怎样处理？

（23）在即将达成交易的时候，作为销售顾问的你该如何巧妙地问顾客是一次性付清还是按揭支付（因为有些客户对此比较敏感）？

（24）作为一名刚进公司的销售顾问，你并不了解与贵公司合作的保险公司的具体优惠项目，但是客户却要你为他解释在本公司投保所带来的优惠条件，这时你会问清楚再解释给客户吗？

（25）客户与许多朋友一同来公司购车，在试驾的时候，客户的朋友都想一同参加，但是汽车只能坐 5 个人，而销售顾问又必须在车上，作为销售顾问的你，该如何与他们沟通？

（26）面对那种进入 4S 店后直接奔向车辆的客户，作为销售顾问的你该如何与其交谈？

（27）你如何向顾客介绍 YQVW 的 TSI 技术？

（28）面对一个进入 4S 店后，一言不发的顾客，作为销售顾问的你将如何展开对话，询问需求？

（29）面对一个不愿透露自己详细联系方式的顾客，作为一名销售顾问，你该怎样争取到客户的基本资料，以便日后联系？

（30）顾问式销售应该首先赢得顾客的信任，还是应该首先了解客户呢？为什么？

（31）在经销店试乘试驾环节的标准流程是什么？

（32）举例说明，如何能在销售过程中既体现出销售人员的专业性，又使客户在通俗易懂的语言中理解其所表达的含义。

（33）你根据顾客的预算为他推荐了 Sagitar1.6 排量的手动版，介绍完产品后，顾客挺满意。因为在别处都试驾过了，所以就直接要报价，不过他却说："我感觉吧，Sagital 跟人家 Focus 那款配置也差不多，就油耗低一点，比别人却要贵快 4000 块，太贵了。"你如何处理？

（34）一位性格张扬的年轻人正在观察一辆汽车，此时你作为服务顾问向其推荐说这款车销量很好，受到年轻人的追捧。顾客说既然那么多人买，我再买了怎么能体现出我的个性。作为服务顾问你如何应答？

（35）简述标准的交车流程。

（36）简单说明什么是六方位绕车介绍？

（37）如果在一个城市中水汽含量非常大，汽车安装地板胶后很有可能形成积水，从而对汽车底盘造成腐蚀作用，而客户并不知道这一点，并且执意要求安装。这时作为销售顾问的你会为其安装地板胶吗？

（38）作为一名销售顾问，当客户致电公司咨询某一款车的价格时，你会告诉客户该款汽车的价格吗？为什么？

（39）客户通过宣传手册的介绍决定购买该款汽车，并且选中了蓝色，但是厂家该颜色的汽车已经断档了一段时间，作为销售顾问，该如何解决？

（40）客户王小姐订购了一辆 1.8T 御尊版全新 Passat，包牌包保险共 263300元，已经预付 5000 元订金，14 天后提车。提车前一天，王小姐怒气冲冲地来到展厅找你，要求退订金，"这个车我不要了，你说你的价格是最优惠的，可是我的朋友告诉我有车行要比这个价位低 3500 元，你蒙人也太狠了，这车我不要了，说什么我都不要了"。如何解决？

（41）李先生正准备签单购车，此时你的另一位客户因对前些天所购买的汽车很不满意，并且对贵公司销售的汽车提出质疑，因为此事李先生想要放弃购买此车，作为销售顾问的你会怎么办？

（42）一位客户来电购车，而公司此时没有现车，于是销售顾问建议顾客订车，但客户不愿意交付订金，这时作为销售顾问，你会怎样处理？

（43）销售顾问和客户要在谈判桌前谈判时，应该为客户提供哪些服务才能体现出顾问式的服务？

（44）当客户告诉你："我就是随便看看，你别跟着我了。"这时，作为销售顾问的你会怎么做？

（45）作为销售顾问，你如何说服客户在经销店购买商业车险？

（46）一位客户来店购车，欲了解某款车的技术参数，但是没有宣传手册了，作为销售顾问的你该如何处理？

（47）王某在贵公司购买一辆汽车，交车时由于时间匆忙，并没有做到全面检查，两天后，王某发现汽车尾部有划痕（此间王某并没有发生过任何交通事故），于是来店找销售顾问要求换车。假设你就是那位销售顾问，你该如何处理？

（48）在你与客户销售汽车进入谈价阶段时，此时客户向你提出："你们的汽车都上市这么久了，都成了老款车了，怎么还是这么贵？要是花这么多钱我们还不如去买辆新上市的车呢。"面对如此情况，作为销售顾问的你该如何处理？

（49）假设你是一位 YQVW4S 店的销售顾问，客户来店购车问道："德系车是否如外界传闻一样是油耗较高，而韩系车或日系车油耗更低一些呢？"此时的你该如何解释？

（50）就本品牌汽车出现"召回"事件，客户对此问题非常关注，作为销售顾问的你该如何使客户打消疑虑？

（51）客户来店为车辆做维护，而 4S 店建议换总成，客户抱怨："你们修理厂不是修理吗，为什么我的车出现问题以后老是要换总成？"作为服务顾问的你该怎样给客户解释？

（52）客户来店维护车辆，在维护过程中客户想进入车间查看车辆，但是公司规定不允许客户进入车间，客户非常生气。作为售后服务顾问的你，该怎么做才能既不违反公司规定，又使客户满意呢？

（53）一位客户来店做车辆维护，可是客户的住所离公司非常远，于是客户想买了配件去离家比较近的修理厂做维护，但公司规定是不能外卖零件的。面对这种问题，作为服务顾问的你该怎样处理？

（54）一位客户来做车辆维护，在结算时发现配件费用比上次价格高了，要求按上次价格结算，否则就要公司换上原来的配件，去别处维护。此时作为服务顾问的你该如何处理？

（55）一位客户的车辆出现疑难故障，经检测找到了问题，但是客户认为维修费用过高，要去别的地方修理，此时公司需收取检测费，客户非常生气："你们不是说检查是免费的吗？为什么还要收我的检测费呢？"此时作为服务顾问的你该如何处理？

（56）一位客户在给汽车保养后不久，发现汽车又出现了其他问题（例如，刹车片磨损），于是抱怨汽车保养后不久又出现了问题。作为服务顾问的你，该如何解释？

（57）客户致电问："你们服务中心太远了，能否不到店换机油？"作为服务顾问的你该怎么回答？

（58）一天，王某去汽车 4S 店做 10000 公里保养，可是等了很久都没有弄好，客户抱怨维修等待时间这么长，作为服务顾问的你，该如何应对？

（59）张某在 4S 店做了汽车的 10000 公里保养，抱怨维修保养费用过高，作为服务顾问的你，该如何解释这一问题？

（60）一客户抱怨，说道："你们说你们的收费是统一的，而且是很正规的，为什么看你们的服务顾问在给我们报价的时候都是随口报的？"作为服务顾问的你，该如何回答？

（61）张某来店给汽车首次做保养，可是这一天，来做保养的人很多，张某因此等了很久，心里很不是滋味，抱怨 4S 店做保养的人多，不如外面修理厂快，作为服务顾问的你，应该如何消除顾客内心的不满？

（62）李某在结账时抱怨，说："你们的收费是怎么收的，不是说好 10 块钱一个工时吗？为什么我的车子修了才 3 个小时，却收费 1000 多元？"作为服务顾问的你，该如何应答？

（63）作为服务顾问，如何向客户解释预约保养的好处？

（64）客户来店对爱车进行保养维护，在与客户的交谈中，你得知客户上次维修并不是本公司做的，而是在外面的修理厂，并且该客户认为在外面做比较实惠。作为一名专业的服务顾问，你如何能让该客户下次依然来本公司进行车辆维护？

(65) 客户来公司对车辆进行维护，但在等待期间，贵公司没有相关的服务人员提供服务（例如，没有人提供饮品），感觉被冷落了，并在交车时向服务顾问诉说这一情况。作为一名服务顾问，你该如何向客户解释？

(66) 汽车发动机水温在90℃以上，是否正常？

(67) 客户在保修期内来公司为车辆更换了一个零件，但客户在驾驶上感觉比以前稍有不足，客户怀疑是我店在更换的零配件上动了手脚，故来询问。你作为一位服务顾问，该如何消除顾客的疑虑？

(68) 如果发动机水箱缺水了，可以直接加自来水吗？副水箱（膨胀水箱）的水位只有一半高度，正常吗？

(69) 在售后推销养护类产品的过程中，服务顾问彼此之间可能与顾客的说辞略有区别（例如，A某与客户说车子要换防冻液，并极力推荐某品牌防冻液，由于价格原因，被顾客拒绝。而B某经过该车时看了一下车，车主说防冻液不行了啊！B某说自己加点水就好了，还能用一段时间。顾客找到某A，称被其忽悠）。请问你作为A某你该如何回答？

(70) 为什么前驱车的前制动片比后制动片磨损快？

(71) 顾客开车时听到车内有异响，开至4S店检查，经检查发现是后轮轮胎磨损后发出的噪音传至车内，而顾客对结果并不满意，认为是底盘发出的声音。你作为服务顾问，该如何跟顾客解释？

(72) 自动挡车型Z、L、D挡有什么区别，应该怎样使用？

(73) 顾客到YQVW选车，觉得迈腾很好，但他的朋友跟他提过，一样的价格丰田锐志配置更好，车更高档。因此问销售顾问，价格一样，为何档次差了这么多？你如何作答？

(74) 客户在提车当天向你索要额外的礼品，作为销售顾问的你该怎么做？

(75) 空挡滑行是否省油？能否用空挡滑行？

(76) 蓄电池的寿命是多久？为什么车主在更换蓄电池后，收音机时间不准了？

(77) 如果你是4S店新来的服务顾问，当顾客对你咨询多次，你的回答无法让顾客满意，你是选择向他推荐一个更优秀的服务顾问还是选择自己继续为他服务？为什么？

（78）你此刻服务的车主是一个具有丰富汽车专业知识的顾客，他问你一个关于汽车的专业问题，你不能很好地回答，车主不相信你的能力了，要求把车开到别的地方维修，你作为服务顾问如何处理这次信任危机？

（79）车主的车发生事故，经保险公司定损后送到指定的 4S 店维修，维修费用超过保险公司定损的价值，车主拒绝缴纳多出的金额。你作为服务顾问，怎么处理这件事情？

（80）你的一位客户在提车当天要求更换车型（如换颜色、排量），作为销售顾问，你会怎么做？

（81）张某三个月前买了一台越野车，今天到店保养。对服务顾问说："你这是不是越野车啊？在凹凸路上通过时感觉与我以前开的轿车一样，你这车到底怎么回事啊？难道你们厂家就是这样糊弄消费者的吗？徒有其表吗？"你作为服务顾问，会怎么处理？

（82）为什么发动机会有爆震的现象？

（83）发动机故障灯亮了，还可不可以继续行驶？

（84）某客户要求将他所购买的精品费用合并到维修费用内，但公司财务规定不可以这样操作。这个时候你该怎么办？

（85）客户抱怨说："我的雨刮片刮不干净，经常要换，你们的产品太差劲了！"你作为服务顾问怎样回答？

（86）客户抱怨说："你们的配件价格和保险公司的价格怎么有这么大的差距？"你作为服务顾问怎样回答？

（87）车辆出险后索赔需要什么资料？车辆年审需要准备哪些资料？

（88）客户说："我车撞了，交警已经处理过了，保险公司也报过案了，我该怎么向保险公司索赔？"你作为服务顾问怎样回答？

（89）客户说："你们这么大的 4S 店，喷漆时间这么长，在外面可用不了这么长时间。"你作为服务顾问怎样回答？

（90）客户抱怨："你们连配件都没有，还是什么 4S 店?怎么这样的配件都没有备呢？"你作为服务顾问怎样回答？

（91）客户抱怨："YQVW 的配件怎么这么贵啊？"你作为服务顾问怎样回答？

（92）某客户抱怨说："你们维修这么贵，我到外面维修才花这个费用的20%，以后不来了！"你作为服务顾问怎样回答？

（93）某客户抱怨说，"为什么每次保养的价格都不一样？"你作为服务顾问怎样回答？

（94）为什么车辆的三滤等不属于三包范围内？你作为服务顾问怎样回答？

（95）顾客到一汽品牌 4S 店保养后问服务顾问，我是外地牌照的车，可以在你们这里办理年检吗？你怎样回答？

（96）顾客咨询买交强险时是否还需要买商业第三者责任险？你作为服务顾问怎样回答？

（97）为什么我刚买的新车油耗这么大？卖车时你们说耗油量是 6.2L，而实际上在市内却要耗 12L 油，你们也太忽悠人了吧？你怎样回答？

（98）客户抱怨，车辆在 120km/h 车速时，车身底部有异响，前后修了 1 个月，也没修好。这时客户要提车去其他修理厂修理，你该怎么办？

（99）YQVW 的保修期限是多久？索赔期间，车主间接损失如何解决？

（100）某客户的车辆当天没有完成全部的维修项目，第二天完成之后，通知该客户来取车。客户打的来店取车，要求报销打车费。但在公司规定里面，没有说明这种情况可以给客户报销打的费用。如果不给客户报销，客户会很不满意；如果给客户报销，有可能会自己掏腰包，这时你该怎么办？

参考文献

[1] 李治国，刘胜春，王冰. 汽车技术服务与营销 [M]. 长沙：湖南大学出版社，2012.

[2] 韩宏伟. 汽车销售实务 [M]. 北京：北京大学出版社，2006.

[3] 郭国庆. 市场营销学通论 [M]. 北京：中国人民大学出版社，2005.

[4] 韩庆祥. 突破——实用营销 [M]. 北京：北京科学技术出版社，2005.

[5] 肖晓春. 步步为赢——汽车销售顾问职业化训练 [M]. 北京：机械工业出版社，2009.

[6] 孙路弘. 汽车销售的第一本书 [M]. 北京：中国人民大学出版社，2008.

[7] 梅子惠. 现代企业管理案例分析教程 [M]. 武汉：武汉理工大学出版社，2006.

[8] 潘瑾，徐晶. 保险服务营销 [M]. 上海：上海财经大学出版社，2005.

[9] 华英雄. 汽车销售快速成交 50 招 [M]. 北京：中国经济出版社，2013.

[10] 陈文华，叶志斌. 汽车营销案例教程 [M]. 北京：人民交通出版社，2004.

[11] 李欣禹. 非常话术——汽车营销对话技巧与突破 [M]. 北京：机械工业出版社，2008.

[12] 黄华明. 保险市场营销导论 [M]. 北京：对外经济贸易大学出版社，2004.

[13] 陈姣. 汽车销售人员超级口才训练 [M]. 北京：人民邮电出版社，2010.

[14] 苗月薪.市场营销学 [M].北京：清华大学出版社，2008.

[15] 方光罗.市场营销学 [M].大连：东北财经大学出版社，2004.

[16] 王慧彦.市场营销案例新编 [M].北京：清华大学出版社、北京交通大学出版社，2004.

[17] 刘军.汽车 4S 店销售顾问培训手册 [M].北京：化学工业出版社，2013.

[18] 刘珍.汽车销售顾问服务技能与口才训练 [M].北京：化学工业出版社，2012.

[19] 胡德华.市场营销理论与实务 [M].北京：电子工业出版社，2009.

[20] ［美］卡尔·迈克丹尼斯等.市场营销学学习手册 [M].时启亮等译.上海：格致出版社、上海人民出版社，2009.

[21] 周鹏.综合营销实务 [M].北京：电子工业出版社，2006.

[22] 戴彪.汽车销售代表实战指南 [M].北京：经济管理出版社，2006.

[23] 肖晓春.妙语连珠——汽车销售顾问实战情景训练 [M].北京：机械工业出版社，2009.

[24] 王海鉴.汽车营销 [M].北京：化学工业出版社，2013.

[25] 易车网 www.bitauto.com.

[26] 汽车之家 www.autohome.com.cn.

[27] 太平洋汽车网 www.pcauto.com.cn.